Dr. Otto Bantel / Dieter Schaefer

Grundbegriffe der Literatur

Cornelsen
HIRSCHGRABEN

14. Auflage 1990
Alle Drucke dieser Auflage können, weil untereinander unverändert, im Unterricht nebeneinander verwendet werden.

Druck: Druckhaus Langenscheidt, Berlin
ISBN 3-454-50001-X
Vertrieb: Cornelsen Verlagsgesellschaft, Bielefeld
Bestellnummer 500010

Vorwort

Das Nachschlagewerk »Grundbegriffe der Literatur« erschien erstmals 1962 und hat bislang, trotz Konkurrenz mit vergleichbaren Büchern, erfreulicherweise 10 Auflagen erlebt, freilich nicht ohne dabei immer wieder kleinere Änderungen und Zusätze einbezogen zu haben, die u. a. auch Anregungen und Wünsche aus dem Kreis seiner Benutzer berücksichtigten.

Wenn nach nunmehr über zwanzig Jahren eine Neubearbeitung erfolgt, so ist einerseits die ursprüngliche Prägung dieses Buches mit seinen über die bloße Sachinformation hinausgehenden kulturgeschichtlichen Bezügen beibehalten worden, andererseits will dieses Nachschlagewerk in der nunmehr vorgelegten Form dem Wandel, den der Begriff Literatur seitdem erfahren hat, Rechnung tragen. In dem genannten Zeitraum sind nicht nur in der Literaturwissenschaft selbst neue Aspekte und Wertungen hervorgetreten, vor allem hat auch seit der Einführung der reformierten Oberstufe bzw. des Kurssystems in den Gymnasien die Behandlung von Literatur inhaltlich und methodisch neue Wege beschritten.

Diesen veränderten Bedingungen gerecht zu werden, war Anlaß für die Neubearbeitung. Es ist zu wünschen, daß auch in der jetzt vorgelegten Form dieses Buch weiterhin so viel Anklang finden wird wie bisher.

Frankfurt, im Herbst 1983

Dr. Otto Bantel
Dieter Schaefer

Liste der Abkürzungen

ahd.	althochdeutsch	ital.	italienisch
amerik.	amerikanisch	Jh.	Jahrhundert(s)
Beisp.	Beispiel	lat.	lateinisch
betr.	betreffend	lit.	literarisch
bes.	besonders	Lit.	Literatur
bzw.	beziehungsweise	mhd.	mittelhochdeutsch
dergl.	dergleichen	nhd.	neuhochdeutsch
dt.	deutsch	röm.	römisch
engl.	englisch	sog.	sogenannt
europ.	europäisch	span.	spanisch
frz.	französisch	u. a.	und andere
germ.	germanisch	urspr.	ursprünglich
griech.	griechisch	vgl.	vergleiche
i. a.	im allgemeinen	z. B.	zum Beispiel
insbes.	insbesondere	zit.	zitiert
isl.	isländisch		

Abgesang, Schlußteil der Minne- und Meistersangstrophe, der ein Gegengewicht gegen die beiden Stollen des Aufgesangs bildet. Vgl. → *Lied.*

Absurdes Theater, eine etwa um 1950 entstandene Kategorie des modernen Theaters, die anders als Brechts → *Episches Theater* auch eine Art Verfremdungstheater darstellt. Wolfgang Hildesheimer sagt darum mit Recht: »Das absurde Theater ist eine Parabel über die Fremdheit des Menschen in der Welt. Sein Spiel dient daher der Verfremdung. Es ist ihre letzte und radikalste Konsequenz.« → *Verfremdung.* »Absurd« bedeutet »nicht mit der Wirklichkeit, der Erfahrung und der Erwartung übereinstimmend«. Die gewohnten Schemata zum Wirklichkeitsverständnis, etwa das Gesetz der Kausalität, gelten nicht mehr. Camus hat das Absurde in seinem Buch »Der Mythos von Sisyphos« (1942) philosophisch dargestellt: ». . . in einem Universum, das plötzlich der Illusionen und des Lichts beraubt ist, fühlt der Mensch sich fremd. Aus diesem Verstoßensein gibt es für ihn kein Entrinnen, weil er der Erinnerungen an eine verlorene Heimat oder der Hoffnung auf ein gelobtes Land beraubt ist. Dieser Zwiespalt zwischen dem Menschen und seinem Leben, zwischen dem Schauspieler und seinem Hintergrund ist eigentlich das Gefühl der Absurdität . . .« Die empfundene Absurdität wird oft mit den Mitteln des → *Surrealismus* dargestellt.

Das a. T. stellt am konsequentesten die alte Form des Dramas mit seiner kausal nachzuvollziehenden Entwicklung »zu einem Ende hin« in Frage, indem es weitgehend auf Handlung und individuell gezeichnete Charaktere verzichtet, um die Entpersönlichung des Menschen zu akzentuieren. »Die Welt erscheint mir mitunter leer von Begriffen und das Wirkliche unwirklich. Dieses Gefühl der Unwirklichkeit, die Suche nach einer wesentlichen, vergessenen, unbenannten Realität, außerhalb der ich nicht zu sein glaube, wollte ich ausdrücken – mittels meiner Gestalten, die im Unzusammenhängenden umherirren und die nichts ihr eigen nennen, außer ihrer Angst, ihrer Reue, ihrem Versagen, der Leere ihres Lebens. Wesen, die in etwas hineingestoßen sind, dem jeglicher Sinn fehlt, können nur grotesk erscheinen, und ihr Leiden ist nichts als tragische Farce . . .« (Ionesco). → *Tragödie* ist ausgeschlossen, weil es keine festen Gesetze und keine Ordnung mehr gibt, und auch die

→ *Komödie* mit ihrer das Leben durchschauenden »höheren Weisheit« ist nicht mehr möglich, weil die totale Ratlosigkeit herrscht.

Martin Esslin (»Das Theater des Absurden«, 1965) unterscheidet zwei Möglichkeiten, das Absurde darzustellen: die von Camus und Sartre, die sich noch geschlossener Charaktere und einer konsequent ablaufenden Handlung bedient, und die des a. T., die nicht über die Absurdität der menschlichen Situation diskutiert, sondern sie darstellt. Oft überrascht im a. T. schon der Bühnenraum. Die Personen stecken in Mülltonnen (Becketts »Endspiel«) oder versinken langsam im Sand (Becketts »Glückliche Tage«). → *Dialoge* im alten Sinne gibt es nicht mehr. Gestik und Mimik im Sinne reinen Spieles gewinnen an Bedeutung. »Die Sprache spielt dabei zwar immer noch eine wichtige Rolle, aber das, was auf der Bühne geschieht, sagt mehr aus als die Worte, die von den Figuren gesprochen werden, ja, es widerspricht diesen sogar oft. In Ionescos Stück ›Die Stühle‹ zum Beispiel liegt der dichterische Gehalt nicht in den banalen Worten, die gesprochen werden; die starke Wirkung des Stückes erwächst vielmehr daraus, daß diese Worte vor einer ständig anwachsenden Reihe leerer Stühle erklingen« (Martin Esslin).

Die wichtigsten Autoren und Stücke des a. T. sind Samuel Beckett (»Warten auf Godot«, »Endspiel«, »Spiel«, »Glückliche Tage«), Eugène Ionesco (»Die Stühle«, »Die kahle Sängerin«, »Die Unterrichtsstunde«) und Harold Pinter (»Der Hausmeister«, »Geburtstagsfeier«, »Der stumme Diener«).

Abvers → *Langzeile, Seite 78*

Akrostichon (von griech. akron = an der Spitze; stichos = Vers), Anfangsbuchstaben oder -wörter der einzelnen Verse ergeben einen Namen oder einen Satz. Beisp.: Anfang von »Tristan und Isolde« von Gottfr. v. Straßburg und das Schlußgebet aus »Der Ackermann und der Tod« von Joh. v. Tepl, wo das A. den Namen des Verfassers ergibt.

Akt (von lat. actus = Handlung), auch Aufzug genannt, dient der Gliederung der Handlung im → *Drama,* die dem inneren Gesetz des Bühnengeschehens folgen soll; meist drei oder fünf A., die in mehrere → *Szenen,* auch Auftritte genannt, unterteilt sind. Dem klassischen fünfaktigen Drama liegt i. a. folgendes Gliederungsprinzip zugrunde: 1. Akt = Einleitung (→ *Exposition*); 2. Akt = steigende Handlung, durch

Konfliktsituationen bedingt; 3. Akt = Höhepunkt der Verwicklung und gleichzeitig Schicksalswende für den Helden (→ *Peripetie*); 4. Akt = fallende Handlung, die gelegentlich durch ein das Geschehen verzögerndes Element (→ *Retardierung*) aufgehalten zu werden scheint; 5. Akt = Katastrophe bzw. Lösung des Spannungskonfliktes durch Untergang oder Sieg des Helden.

Der Aktschluß ist meist ein besonderer Höhepunkt, bei dem die Spannung zum nächsten A. durch einen die Erwartungshaltung steigernden Effekt hergestellt wird.

Die griech. → *Tragödie* kennt die Einteilung nach A. noch nicht, wohl aber die der Römer.

A. war ursprünglich als äußerliche Einteilung gemeint. Er durfte keinen Wechsel des Ortes enthalten. Seit dem 18. Jh. ist es üblich, im A. einen Wechsel des Bühnenbildes zuzulassen. Der bühnentechnische Terminus technicus für diese während des Aktes übliche Verwandlung heißt »Zwischenvorhang«.

Alexandriner, ein sechsfüßiger jambischer Vers (→ *Jambus*) mit einer deutlichen → *Zäsur* bzw. → *Diärese* in der Versmitte. Zuerst in den frz. Alexanderepen verwandt (daher der Name), wird der A. im 17. Jh. der beherrschende Vers der frz. klassischen → *Tragödie* (Corneille, Racine), wird durch Opitz und Gottsched zu dieser Zeit aber auch in die dt. Literatur eingeführt. So sehr er sich im → *Barock* wegen seines zweigliedrigen Charakters für antithetische Aussagen zum dualistischen Weltbild dieser Zeit eignete, wirkt er doch i. a. recht schematisch und wird im 18. Jh. im dt. Drama durch den → *Blankvers* völlig verdrängt.

Allegorie (von griech. allegorein = anders, bildlich reden), die bildhafte Umschreibung eines unanschaulichen Begriffs, vorwiegend durch → *Personifikation,* z. B. der Tod als Sensenmann. Vgl. auch → *Bild,* → *Metapher,* → *Symbol,* → *Vergleich,* → *Parabel.*

Alliteration → *Langzeile, Seite 78*

Anagramm (von griech. anagramma = Rätsel), das auf einer Umstellung der Buchstaben eines Wortes beruht, um ein neues Wort zu bilden. Die konsequente Art des A. ist das einfache Rückwärtslesen, das zu Wortspielen wie »Roma – Amor« führt. Aber auch die beliebige Umstellung der Buchstaben eines Wortes gilt als A., wobei im allgemeinen kein Buchstabe ausgelassen werden darf, z. B. Lied – Leid.

Anakoluth (von griech. akoluthein = folgen und dessen Verneinung), die syntaktisch folgewidrige Fortsetzung innerhalb eines meist langen und komplizierten Satzes; wird oft als Stilmittel verwendet. Beisp.: *»Demnach und wenn* der eine von euch 800 Taler verloren, der andere aber nur ein Päckchen mit 700 Talern gefunden hat, so kann ...« (Joh. Peter Hebel »Der kluge Richter«). Als beliebtes Stilmittel in den Platonischen → *Dialogen* zu beobachten, sehr häufig auch im → *Drama* beim erregten Sprechen.

Anakreontik, → *Lyrik* im Zeitalter des → *Rokoko;* ihre Vertreter heißen Anakreontiker in Anlehnung an den griech. Lyriker Anakreon (6. Jh. v. Chr.). Ohne echtes Erleben und tieferen Gehalt dichtet man, meist allzu gekünstelt, tändelnde, lebensfrohe Verse, die um Themen wie Liebe, Wein, Geselligkeit oder Jugend kreisen. Die Welt der deutschen A. schließt das Leid, die Sorge, die Mühsal des Lebens aus und ist, im Geist des → *Rokoko,* ganz auf den freudigen Lebensgenuß ausgerichtet. Der Initiator der A. ist Hagedorn, andere Vertreter sind Gleim, Uz und Ramler.

Analytisches Drama, auch Enthüllungsdrama genannt, ist dadurch gekennzeichnet, daß alle eigentlichen, zum tragischen Konflikt führenden Ursachen und Geschehnisse bereits vor Beginn des Bühnengeschehens liegen, im Drama selbst aber erst langsam analysierend offengelegt werden und dadurch zur Katastrophe führen. Beispiel: »König Ödipus« von Sophokles. Gegensatz: → *Zieldrama,* in dem alle zur Katastrophe führenden Faktoren erst auf der Bühne dargestellt werden. → *Drama,* → *Exposition*

Anapäst (griech.) → *Versfüße, Seite 147*

Anapher (griech.), Wiederholung des gleichen Wortes oder gleicher Wörter am Anfang von Sätzen oder Versen; als Stilmittel findet sich die A. vor allem in lyrischen Gedichten, aber auch als rhetorische Figur in Reden. Gegensatz: → *Epipher*

Anekdote (von griech. an-ekdoton = noch nicht herausgegeben). Nach der Erfindung der Buchdruckerkunst bezeichnet A. alte Schriften und Fragmente, die erstmals veröffentlicht wurden. Heute versteht man unter

A. die kurze →*Erzählung* einer interessanten Begebenheit oder der hervorstechenden Charaktereigenschaft eines Menschen, oft die einer bekannten historischen Persönlichkeit. Typische Merkmale der A. sind Prägnanz und vielfach die auf eine Pointe angelegte Erzählstruktur. Meister der A. sind Kleist, Hebel und Schäfer.

Anthologie (von griech. anthologia = Blumenlese), Sammlung von lit. Stücken nach bestimmten Gesichtspunkten, meist lyrischer Dichtungen, sei es aus dem Werk eines Dichters, einer →*Epoche* oder einer Sprachgemeinschaft usw. (Herders Sammlung der Volkslieder, Arnim-Brentano »Des Knaben Wunderhorn«, Hofmannsthal »Dt. Lesebuch« u. a.). Eine gute A. soll das Wesentliche des Bereiches, aus dem die Stücke stammen, wiedergeben.

Antithese, konfrontiert eine Aussage mit ihrem Gegenteil, stellt einem Standpunkt den entgegengesetzten gegenüber. Als Stilmittel bzw. rhetorische Figur dient sie dazu, Kontraste deutlicher voneinander abzuheben.

Die Lyrik des Barocks verwendet mit Vorliebe die beiden durch die Zäsur getrennten Hälften des →*Alexandriners* zur Darstellung eines antithetischen Inhalts, aber auch im →*epischen Theater* Brechts ist die A. von eminenter Bedeutung.

Aphorismus (von griech. aphorizein = abgrenzen), eine kurz und treffend formulierte Aussage in Prosa, die eine allgemeine Wahrheit enthält. Oft ist ein A. auch nur ein Gedankensplitter, der zum Weiterdenken provoziert. Meisterhafte Aphorismen stammen von Lichtenberg, Goethe, Schopenhauer und Nietzsche.

Arbeiterdichtung, lit. Strömung seit Mitte des 19. Jh., ausgelöst durch die Entstehung des Industrieproletariats und das Aufkommen der Arbeiterbewegung. Geistige Grundlagen sind oft sozialistische Theorien, u. a. auch die Lehre von Marx.

Der Begriff A. läßt sich traditionell entweder definieren als eine von der Thematik her bestimmte Dichtung, unabhängig von der sozialen Stellung des jeweiligen Autors, oder aber man versteht unter A. lediglich Dichtung, die von Arbeitern geschrieben worden ist. – Eine solche Differenzierung gilt heute i. a. als irrelevant, da A. primär in ihrer Funktion als Literatur für Arbeiter verstanden und damit nur noch vom Stoff her bestimmt wird.

A. handelt von Arbeitern und ihren Problemen und findet ihre bevorzugte lit. Ausdrucksform zunächst in der → *Lyrik* (polit. Lyrik). U. a. sind Heine, Weerth und Herwegh Vorläufer der A., die dann erstmals im → *Naturalismus* und später auch im → *Expressionismus* deutlich an Gewicht und Niveau gewinnt. (z. B. Hauptmann »Die Weber«)

Während in der Weimarer Republik die A. weitgehend als proletarisch-revolutionäre Literatur bezeichnet werden kann und unter der Herrschaft des Nationalsozialismus aus der Literatur verbannt bleibt, entwickelt sich in der Bundesrepublik erst seit 1960 eine neue Welle der A. im Gefolge der gesellschaftspolitischen und sozialen Veränderungen seit 1945. Nicht ohne Einfluß auf die erneute Eroberung der Arbeitswelt durch die Literatur blieben die Romane von der Grüns, vor allem aber die Gründung der Dortmunder Gruppe 61 und 1969 des »Werkkreises Literatur der Arbeitswelt«. Die Arbeitswelt wird von den Autoren primär unter sozialen und technologischen Aspekten aufgefaßt. Um eine möglichst authentische Erfassung der Arbeitswelt ging es besonders Runge (»Bottroper Protokolle«) und Wallraff (z. B. »13 unerwünschte Reportagen«).

Über die A. in der DDR vgl. → *Bitterfelder Programm*

Archaismus (von griech. archaios = alt), stilistisches Mittel, um einem Text durch die Verwendung veralteter Wörter bzw. einer altertümlichen Ausdrucksweise bewußt ein besonderes Gepräge zu geben.

Beispiel: »Mit seinem Glück, seiner Gefahre
Der Krieg, er zieht sich etwas hin.
Der Krieg, er dauert hundert Jahre
Der gemeine Mann hat kein Gewinn.«
(aus dem Song der Mutter Courage von Brecht, Ende des 12. Bildes)

Brecht will hier den Stil der Moritat und der → *Ballade* treffen, der auf François Villon zurückgeht. Er mischt sich mit Elementen des süddeutschen Dialekts. Hier ist der A. ein Stilmittel der → *Verfremdung*.

Aristotelisches Drama, Bezeichnung für Dramen, die in ihrer Struktur grundsätzliche Übereinstimmung mit den Forderungen des griech. Philosophen Aristoteles aufweisen, so wie sie in seiner »Poetik« niedergelegt sind, z. B. die drei → *Einheiten* der Handlung, der Zeit und des Ortes, die Verflochtenheit der Szenentechnik, Konflikt, Katastrophe, → *Katharsis*. Gegensatz: nichtaristotelisches Theater oder → *Episches Theater*.

Assonanz →*Reim, Seite 108*

Asyndeton (griech. Unverbundenes), eine stilistische Figur, die auf gleicher syntaktischer Ebene stehende Ausdrücke, Satzteile oder Sätze ohne Bindewörter nebeneinanderstellt. Beispiel: Er kam, sah, siegte. Das A. schafft eine knappe Aussage, wirkt statisch und läßt so dem Hörer bzw. Leser Raum zur eigenen Interpretation, weil es die logische Verbindung ausklammert.

Aufgesang →*Lied, Seite 80*

Aufklärung, allg. geistesgeschichtliche Bewegungen, die die Mittel des autonomen menschlichen Denkens gegen ein mythenbestimmtes Weltbild (Sophistik in der Antike) oder kirchlich-theologische Bindung einsetzen und die Selbständigkeit des Menschen gegen die Abhängigkeit von Normen, die außerhalb seiner Ratio gründen, verfechten. Die neuzeitliche A. kündet sich schon im Autonomiegedanken der →*Renaissance* an und gewinnt ihre Energie aus den Erfahrungen der Religionskämpfe des 17. Jh., den Erfolgen empirisch-methodischen Denkens in den jungen Naturwissenschaften und durch die gesellschaftlichen Gewichtsverlagerungen, die der Aufstieg des Bürgertums bewirkt und die schließlich zur frz. Revolution führen. Kant antwortet auf die Frage »Was ist Aufklärung?«: »Aufklärung ist der Ausgang des Menschen aus seiner selbstverschuldeten Unmündigkeit; Unmündigkeit ist das Unvermögen, sich seines Verstandes ohne Leitung eines anderen zu bedienen. Selbstverschuldet ist diese Unmündigkeit, wenn die Ursache derselben nicht am Mangel des Verstandes, sondern der Entschließung des Mutes liegt, sich seiner ohne Leitung eines anderen zu bedienen. Habe Mut, dich deines eigenen Verstandes zu bedienen! ist also der Wahlspruch der Aufklärung«.

Am radikalsten hat sich die A. in Frankreich ausgeprägt, wo sie in Voltaire ihren Höhepunkt findet und ihre Folgerungen bis zum atheistischen Mechanismus von La Mettrie (»der Mensch, eine Maschine«) zieht. In England trifft sie auf die empiristische Philosophie von Locke und Hume und formuliert den Deismus: Gott ist zwar der Urheber der Welt, aber sie bewegt sich nach den von ihm eingepflanzten Gesetzen unabhängig von ihm wie ein Uhrwerk. Leibniz gibt der A. das Thema und weist zugleich schon über sie hinaus, wenn er in jeder Monade, aus deren

Vielfältigkeit der Kosmos besteht, den Drang vom Dunkeln zum Klaren, in jeder aber auch das Ganze des Universums gespiegelt sieht. Dieser dynamisch-emphatische Impuls wandert weiter über Brockes, Klopstock, Herder bis zum jungen Goethe.

Die A. ist vor allem weltanschauliches Programm und berührt die Dichtung nur mittelbar, vor allem durch ihre das Jahrhundert bewegenden Ideen: irdische Glückseligkeit durch ein bürgerlich-tugendhaftes Leben, Menschlichkeit als ein alle verbindendes Moment, Überzeugung von der zweckbestimmten Ordnung in Natur und Geschichte, Glaube an die Kraft des gesunden Menschenverstandes, an die Macht der Erziehung (vgl. Rousseaus »Emile«, Lessings »Erziehung des Menschengeschlechts«), den Vorzug schlichten, natürlichen Daseins gegenüber der glänzenden, hohlen Welt der Höfe, Forderung der Toleranz usw. Diese Gedanken werden von den nach engl. Vorbild erscheinenden »moralischen Wochenschriften« auch in die kleinbürgerlichen Schichten getragen, die bis dahin noch keine Beziehung zur Lit. haben. Diese aufklärerische Haltung beeinflußt jedoch auch den Sprachstil. Schon Gottsched fordert von der Dichtung eine natürliche Wortfolge, schlichte Wortwahl ohne Metaphernprunk und stellt das Ideal der leidenschaftslosen klaren Diktion der antiken Autoren auf; und noch Lessing entspricht dem mit seinen Regeln für die → *Fabel.* Der Sinn für das Regelhafte, Normative hilft, die Gattungsgesetzlichkeiten neu zu überdenken. Gottscheds Verdienst besteht darin, ähnlich wie Opitz den Blick für die lit. Form wieder geschärft zu haben. Als Beispiele für seine poetologischen Forderungen (→ *Poetik*), insbes. für das nach frz. Vorbild zu reformierende → *Drama,* schafft er eine Sammlung von Musterstücken (»Die deutsche Schaubühne«), teils Originalstücke wie sein »Sterbender Cato«, teils Übersetzungen. Seine Schriften üben einen großen Einfluß auf die damalige Lit. aus.

Das 18. Jh. selbst korrigiert in seinen vielfältigen, einander oft widerstrebenden Strömungen, die zum Teil aus dem → *Barock,* → *Rokoko* (→ *Schäferpoesie*), zum Teil aus den Nachbarlit., vor allem auch der Lit. Englands, fließen, die theoretischen Einseitigkeiten der Gottsched-Schule. Eine heftige Fehde entspinnt sich mit den Schweizern Bodmer und Breitinger, die in der Beschäftigung mit Milton Dichtung als die Kunst des Möglichen und Wahrscheinlichen bestimmen und eine Lanze für die Phantasie und das Wunderbare brechen. Die → *Empfindsamkeit* wird Mode, seit Richardsons Briefromane (»Pamela« 1740/41, »Clarissa«

1747/48) auch in Deutschland bekannt werden und Gellert mit seiner »Schwedischen Gräfin von G« ein dt. Gegenstück schreibt. Gellert ist es auch, der die Comédie larmoyante (→*Komödie*), das rührende→*Schauspiel,* einbürgert, in dem das Bürgertum sich selbst idealisiert (Edelmut und Entsagung der leidenden Unschuld, versöhnlicher Ausgang). Daneben prägt sich in Beschreibungen von Landschaften, Jahreszeiten usw. unbeholfen nebeneinanderreihend eine schlichte, dingbezogene Sichtweise aus (Hallers »Alpen« 1730, E. v. Kleist »Frühling« 1749). Der didaktisch-kritischen Haltung entsprechend sind neben dem →*Drama* (in dem die Typenschilderung, aus Interesse am Menschenwesen, die Handlungsführung überwiegt) die →*Satire* (Liscow, Rabener), die →*Fabel* (Gellert, Lessing), das Lehrgedicht (Haller), die moralische Verserzählung (beim jungen Wieland, Gellert), das →*Epigramm* die bevorzugten Gattungen.

Ihre Reife erlebt die dt. A.lit. in Wieland und Lessing. Im »Agathon«, dem ersten psychologischen →*Roman,* der auch als »Entwicklungsroman« bezeichnet werden könnte, zeigt Wieland die Bildung durch Vernunft im Sinne der A. Auch der Demokrit der »Abderiten« ist ein aufgeklärter Mensch. Lessings theoretisch-kritische Auseinandersetzungen mit dem Drama und der Tragödie (»Hamburgische Dramaturgie«) bereiten die Auffassungen des →*Sturm und Drang* vor. Auch er stellt wie Gottsched neben die Theorie Muster des Geforderten: das Lustspiel »Minna von Barnhelm«, das bürgerliche Trauerspiel »Emilia Galotti«. In den Schriften gegen den Hauptpastor Goeze verficht er eine auf den Grundsätzen der Vernunft beruhende Religion und schreibt in diesem Sinne auch das Schauspiel »Nathan der Weise«: wesentlich sind Haltung und Tat und eine Humanität, die sich auf vernünftige Einsicht stützt.

Auftakt →*Langzeile, Seite 78*

Auftritt →*Szene, Seite 134*

Aufzug →*Akt, Seite 12*

Auktoriale Erzählsituation →*Erzählperspektive, Seite 46*

Autor (von lat. auctor = der Urheber), Sammelbegriff für den Verfasser eines Textes. Die Bezeichnung A. bleibt nicht auf den rein lit. Bereich beschränkt, jedoch kennzeichnet jeden A. primär ein sprachlich-produktives Tun, denn sein Handwerkszeug ist die Sprache. Jeder A. steht in einer soziologischen Wechselwirkung zu Staat und Gesellschaft, in denen er lebt, aber auch zu Verlagen, Kritikern und nicht zuletzt zum Leser.

Avantgarde (franz. »Vorhut«) meint die Verfechter einer nach gedanklicher Aussage oder sprachlicher Form neuen lit. Richtung, die gegen die bestehende lit. Strömung anzukämpfen versucht (z. B. →*Expressionismus* oder →*Surrealismus*).

Ballade. Etymologische Ableitungen (ital. ballata = Tanzlied) helfen nicht weiter, um Begriff und Charakter der dt. Ballade zu erläutern.

Die Ballade ist als Gattungsform ein Erzählgedicht, das lyrische (liedhaft, Reim, oft Refrain), dramatische (Struktur, Konfliktsituation, häufig Dialoge) und epische Elemente (die eingestreute, oft sprunghafte Erzählweise überwiegt, Nähe zur →*Novelle*) in sich vereinigt.

Thematisch gestaltet die B. zumeist schicksalhafte Begegnungen des Menschen mit ihn bedrohenden Mächten.

Frühform der B. sind die im ausgehenden Mittelalter entstandenen Volksballaden, die germ. →*Heldenlieder* und volkstümliche →*Sagen* aufgreifen. (Beispiele: »Et wassen twe Künigeskinner«, »Das jüngere Hildebrandslied«)

Gemeinhin versteht man unter B., so wie oben definiert, die Kunstballade des 18., 19. und 20.Jh., die mit Bürgers »Lenore« (1774) ihren Anfang nimmt, angeregt durch die Sammlung engl. und schottischer Geisterballaden in Percys »Reliques of Ancient English Poetry« (1756) bzw. Herders Sammlung »Stimmen der Völker in Liedern« (1807). Vom →*Sturm und Drang*, der in der B. ein ihm geeignetes Medium für seine elementare Darstellung sah, ist die B. bis in die Gegenwart eine beliebte Dichtungsart geblieben. Bedeutende dt. Balladendichter: Goethe, Schiller, Uhland, v. Platen, Chamisso, Heine, Droste-Hülshoff, C. F. Meyer, Fontane, Liliencron, v. Münchhausen, Miegel. Schubert und vor allem Loewe vertonten bekannte B. des 18. und 19. Jh.

Im 20. Jh. entstehen »moderne B.« (z. B. Brecht, Biermann), die trotz balladesken Stils sich formal wie inhaltlich von der B. des 19. Jh. unterscheiden und eher dem →*Song* zuzuordnen sind, sich überdies als politisch wie sozial stark engagierte Erzählgedichte ausweisen.

Balladentypen: numinose B. (Kampf des Menschen mit naturmagischen Kräften, z. B. Goethe »Der Totentanz«); Ideenb. (z. B. Schiller »Die Bürgschaft«); historische B. (z. B. Heine »Belsazar«); heldische B. (z. B. Fontane »John Maynard«); humoristische B. (z. B. Fontane »Herr von Ribbeck«) u. a.

Barock (von portugiesisch barocco = unregelmäßige, schiefe Perle; dann: schiefrund, übertrieben, verzerrt) ist die Epochenbezeichnung für die Literatur des 17. Jh. Ursprünglich diente dieser Begriff als abwertende Bezeichnung für Stilerscheinungen, die abseits von klassischem Maß einer unnatürlichen Lust am Disproportionierten, Schwülstigen zu folgen schienen (vgl. →*Marinismus*). Seit Wölfflins »Grundbegriffen«, die den Blick für die Eigentümlichkeit und Eigenwertigkeit der barocken Formen schulten, und der einfühlenden Sympathie des →*Expressionismus* für barocke Dynamik versteht man die Stilzüge des B. als Ausdruck mächtiger metaphysischer Spannungen, dualistischer Seinserfahrungen zwischen Diesseits und Jenseits, Lebenslust und Todesverfallenheit, Wahrheit des Scheins und göttlicher Wahrheit. Dem entspricht die Vorliebe für antithetische Stilformen wie den →*Alexandriner,* das →*Sonett,* für die dialektische Zuspitzung einer Wahrheit im →*Epigramm* (von Logau). Dichtung ist jedoch noch nicht Aussprache persönlichen Erlebens (z. B. die Naturlyrik des B., in der die Natur lediglich →*Emblem* ist), sondern Formulierung der für alle gültigen Einsichten und Erfahrungen oder aber die Darstellung einer künstlichen, idealisierten Welt, heiternaiven und zugleich formvollendeten Daseins. (Vgl. auch →*Gelegenheitsdichtung,* →*Gesellschaftsdichtung*.)

Die Objektivität der dichterischen Gehalte drückt sich in der umprägenden Verwendung überlieferter Topoi (→ *Topos*) ebenso aus wie in der Auffassung von der Natur, die einen Verweisungscharakter auf Gott beinhaltet und dem Menschen unmittelbare Einsichten in dessen verborgenes Wesen erschließen soll. Kunst, Theater, Lit. dienen weithin dem Ruhm des absoluten Herrschers, der Verherrlichung des siegreichen Glaubens (Gegenreformation) und der festlichen Erhöhung des gesellschaftlichen Daseins (Schäferspiele, die von der Hofgesellschaft selbst aufgeführt wurden, →*Schäferpoesie*). Die Höfe verfügen auch über die nötigen Mittel zur Verwirklichung der großen barocken Feste (die Oper entsteht jetzt). Das Ideal der Zeit ist der höfische Weltmann, der Gentilhomme. Die großen höfisch-heroischen →*Romane* (Herzog Anton Ulrich von Braunschweig, Lohenstein) versuchen, das labyrinthisch verwikkelte Geschehen einer Welt, die zu entfalten das Wissensuniversum der Zeit aufgeboten wird und deren Stoffmassen nur durch eine rationale Anlage des Ganzen geordnet werden, auf den idealen fürstlichen Menschen zu beziehen. Noch gilt der Gedanke einer universalen Harmonie der irdischen und überirdischen Dinge, an dem auch die großen Naturforscher wie Kepler mitarbeiten. Doch er ist Belastungen ausgesetzt, denen er immer weniger standzuhalten vermag. Die Einheit der Kirche wie die Solidarität der abendländischen Völker werden in den Religionskriegen und im 30jährigen Krieg zerrieben; die alte Kosmologie weicht langsam der rein empirischen Forschung; die Transzendenz verblaßt zugunsten eines »natürlichen« Gottesbegriffes und einer natürlichen Moral (→*Aufklärung*), und auch gesellschaftlich melden sich die neuen bürgerlichen Schichten.

In der Lit. erscheinen neben den Ausprägungen der herrschenden Gewalten zahlreiche Einzelströmungen. Zum →*Kirchenlied,* das eine neue Blüte erfährt (Paul Gerhardt, Friedrich von Spee), treten mystisch-sektiererische Stimmen: Jakob Böhme, der Schuster aus Görlitz, bildet sprachschöpferisch alte mystische Gedankengänge (→*Mystik*) um, Angelus Silesius formuliert die unsagbare Gotteserfahrung, der →*Pietismus* kündigt sich an. Seit etwa 1640 bildet sich eine gegenhöfische Bewegung, die nicht nur gegen Sprach- und Sittenverwilderung eifert (Moscherosch, von Logau), sondern in den →*Liedern* des Königsberger Kreises um Simon Dach volkstümliche Töne anschlägt und in den Dramen Johann Rists, Christian Weises und endlich in Christian Reuters satirischen Stücken die höfische Idealwelt durchstößt. Grimmelshausens »Simplizissimus«, der Form nach am spanischen Schelmenroman geschult, gibt ein rücksichtsloses Bild der Zeit.

Gleichrangig der Prosa des »Simplizissimus« ist nur die barocke →*Lyrik.* Die Voraussetzungen für die Zucht, Differenzierung und »Eleganz« der Dichtersprache schafft Opitz mit seinem »Buch von der deutschen Poeterey«, 1624, in dem er Regeln für Versmaß und Reim (statt der Längen zählen jetzt die Akzente, wie es der dt. Sprache angemessen ist), für Klarheit und Harmonie der Sprache gibt. Seine Dichtungen sollen dafür Beispiel sein. Er wirkt damit im gleichen Sinn für die Hebung des sprachlichen Niveaus wie die zahlreichen Sprachgesellschaften, deren erste, die »Fruchtbringende Gesellschaft«, 1617 von Thüringer Adligen gegründet wird. Die Gedichte und → *Lieder* von Paul Fleming, Gryphius, Simon Dach, die → *Kirchenlieder* von Paul Gerhardt und Friedrich von Spee, die Mystik in den Gedichten von Daniel von Czepko, Angelus Silesius, Quirinus Kuhlmann, die Lautmalerei Harsdörffers und Klajs, aber auch die metaphernbeladenen spätbarocken Verse von Hofmannswaldau und Lohenstein führen eine Blüte der dt. Lyrik herauf. Joh. Chr. Günther steht am Übergang zur modernen Bekenntnisdichtung.

Das dt. B.-Drama hält keinen Vergleich mit dem zeitgenössischen frz. (Corneille, Molière, Racine) und spanischen (Calderon, Lope de Vega) aus. Am bedeutendsten sind die Schuldramen der Jesuiten (z. B. »Cenodoxus« von Bidermann). Gryphius gelingen einige → *Komödien* (»Horribilicribrifax«, »Peter Squenz«) von derbem Ton und echter Situationskomik. Christian Weises, des Zittauer Schuldirektors, Stücke in der Alltagssprache mit handgreiflicher Moral künden schon die Vereinfachung der dichterischen Mittel an, die das 18. Jh. bringen wird.

Belletristik (von frz. belles lettres = schöne Wissenschaften) bezeichnet die »schöngeistige« oder auch → *fiktionale Literatur* im Gegensatz zu aller wissenschaftlichen Literatur bzw. allen → *nichtfiktionalen* Texten.

Bericht bezeichnet als lit. Form die sachliche, präzise und logisch folgerichtige Darstellung eines Handlungsablaufes ohne persönliche Stellungnahme. Vor allem in der erzählenden Lit. dient der B. oft dem raschen Vorantreiben des Geschehens (vgl. den Beginn von Kleists → *Novelle* »Michael Kohlhaas«). Gelegentlich gewinnt der B. jedoch auch lit. Eigenständigkeit, da es immer wieder Schriftstellern gelingt, in Tagebüchern, Autobiographien, Reisebeschreibungen oder dergl. auch bei objektbezogener Schreibweise künstlerische Eindringlichkeit zu erreichen und subjektive Reflexionen einfließen zu lassen (z. B. Bamm »Frühe Stätten der Christenheit« oder Koeppen »Amerikafahrt«).

Bewußtseinsstrom (Lehnübersetzung von engl. »stream of consciousness«), eines der Mittel modernen Erzählens, um im Bewußtsein der handelnden Gestalten sich vollziehende Abläufe darzustellen und dem Leser dabei, unter psychologischem Aspekt, tieferen Einblick in einen Charakter zu geben.

Im Gegensatz zur →*erlebten Rede* und zum →*inneren Monolog* bezeichnet man als Bewußtseinsstrom eine Erzählweise, welche die Gedanken einer Person, so wie sie ihr durch den Kopf gehen, haargenau aufzeichnet, d. h. Inhalte des Bewußtseins ebenbürtig zu denen des Unterbewußtseins einfängt. Sinn einer solchen Methode ist es, momentane Sinneseindrücke, Gedankenfetzen, sekundenhafte Gefühlsregungen eines Menschen, ungebrochen durch eine sichtende Ordnung des Verstandes, sprachlich zu fixieren und damit in Wirkung auf den Leser zu bringen. Während der innere Monolog i. a. noch weitgehend assoziativ zusammengehalten wird, stellt sich der B. als ein oft pausenloser Monolog nebeneinander eingeblendeter Gedankenfragmente und sich überlappender Vorstellungen dar.

Eine derart tiefenpsychologische Charakterenthüllung, die minutiös alle Regungen des Bewußtseins und Unterbewußtseins zur Darstellung bringt, muß notwendigerweise den zeitlichen Ablauf eines Geschehens äußerst stark dehnen, und so weitet sich der B. oft zu →*Monologen* aus, die eine ganze Reihe von Seiten füllen.

Diese Erzähltechnik wurde erstmals von dem Iren Joyce in seinem Roman »Ulysses« (1922) meisterhaft angewandt, als Beispiel aus der dt. Lit. kann Döblins »Berlin Alexanderplatz« (1929) gelten.

Bibliographie, eine Hilfswissenschaft, deren Aufgabe es ist, alle erschienenen Bücher aufzuzeichnen und zu ordnen, damit sie für die wissenschaftliche Arbeit erreichbar sind, z. B. auch die Zusammenstellung aller erschienenen Bücher, Aufsätze usw. eines Schriftstellers.

Biedermeier, ein von der Kunst- und Kulturwissenschaft übernommener lit. Epochenbegriff für die Zeit zwischen 1815 und 1848, der bestimmte Dichterpersönlichkeiten und lit. Haltungen zwischen →*Klassik,* →*Romantik* einerseits und →*Realismus* andererseits umgreift. Gegenüber dem →*Jungen Deutschland,* einer lit. Strömung zur gleichen Zeit, ist es das Kennzeichen des B., sich der zivilisatorisch-technischen Entwicklung des heraufkommenden Massenzeitalters zu entziehen, aber auch den politisch-revolutionären Bestrebungen dieser Jahrzehnte (Vormärz). Vgl. die Genremalerei Spitzwegs. Man hat das B. als die »bürgerlich gewordene dt. Bewegung« (des Idealismus und der klassisch-romantischen Epoche) bestimmt, sah aber auch Gedanken der →*Empfindsamkeit* wie der →*Aufklärung* wieder wirksam werden.

Kennzeichen dieser biedermeierlichen Haltung sind: friedliche Beschaulichkeit, Genügsamkeit, Resignation, Konservatismus, Bändigung menschlicher Leidenschaften, Naturnähe.

Spiegelungen dieser Welt des Biedermeiers finden sich in der → *Epik* etwa bei Stifter. Milde, Maß, humanes Denken und Handeln charakterisieren die Welt seines Romans »Nachsommer«, dessen Titel der Epoche als Symbol dienen könnte. Im Bereich der → *Lyrik* verkörpern Droste-Hülshoff und Mörike am reinsten biedermeierliches Lebensgefühl. »Laß, o Welt, o laß mich sein« heißt es in einem Gedicht Mörikes, und dieser Vers könnte als Motto über der genannten Epoche stehen.

In den Dramen Grillparzers wird der für das B. typische Konflikt zwischen Ideal und Wirklichkeit dargestellt. Seine Helden scheuen sich, im Gegensatz zu Schillers Helden, vor der konsequenten Entscheidung.

Bild, Bildlichkeit ist eine der Grundeigenschaften der Dichtung, durch die sie sich von der Sprache der Theorie unterscheidet. Bild als lit. Stilmittel ist eine zusammenfassende Bezeichnung bildlicher Ausdrucksformen wie z. B. → *Allegorie,* → *Metapher,* → *Symbol,* → *Chiffre,* → *Vergleich.*

B. wird auch im Sinne von Bühnenbild (→ *Bühne*) oder Szene im → *Drama* verstanden, vor allem im modernen Drama, wo man aus der Theorie des → *»Epischen Theaters«* heraus auf eine Einteilung in → *Akte* verzichtet und Bilder aneinanderreiht.

Bildungsroman, Spielart des → *Entwicklungsromans,* bei der die Persönlichkeit des Helden vor allem durch den Einfluß und die Wirkung tradierter Kulturgüter »gebildet« wird, d. h. eine harmonische Ausbildung seiner geistigen Anlagen als eine der tragenden Komponenten seiner Gesamtpersönlichkeit erfährt. Beispiele: Goethe »Wilhelm Meister«, Keller »Der grüne Heinrich«, Hesse »Das Glasperlenspiel«.

Binnenreim → *Reim, Seite 108*

Bitterfelder Programm, entscheidender Wendepunkt in der Entwicklung der DDR-Literatur und -Kulturpolitik. Auf zwei Konferenzen (1959 und 1964) in Bitterfeld bei Halle, zu denen Kulturfunktionäre, Schriftsteller, Verlagsvertreter, aber auch schreibende Arbeiter geladen waren, wurden Prinzipien erstellt, um die Kluft zwischen Kunst und Leben, vor allem zwischen Literatur und Arbeitswelt zu schließen. Schriftsteller wurden nachdrücklich aufgefordert, zeitweilig in Produktionsbetrieben mitzuarbeiten, um die Arbeitswelt der DDR realistisch darzustellen (→*sozialistischer Realismus*), Arbeiter wurden ermutigt, mehr zu lesen und selbst zu schreiben. (Losung: »Kumpel, greif zur Feder, die sozialistische Nationalkultur braucht dich!«)

Die Zielsetzung des B. P. läßt sich ablesen in Romanen wie Wolfs »Der geteilte Himmel« oder Strittmatters »Ole Bienkopp«, doch bleibt der künstlerische Ertrag der vom B. P. ausgelösten Impulse insgesamt gering.

Blankvers (engl. blank verse = leerer, d. h. reimloser Vers) ist ein fünfhebiger ungereimter Jambus (→*Versfüße*), der Vers der dt. → *Tragödie* von Lessing bis Hebbel. Die großen Dramen der dt. → *Klassik* stehen im B.: »Don Carlos«, »Maria Stuart«, »Wallenstein«, »Iphigenie«, »Torquato Tasso«. Der B. löst den → *Alexandriner* ab, er kommt aus der engl. Lit., geht im Grunde auf Shakespeare zurück und wird von Wieland zum erstenmal (in einer Übersetzung des Dramas »Lady Johanna Gray«) in der dt. Lit. verwendet; Lessing nimmt ihn auf (»Nathan der Weise«). Der B. ist der dt. Sprache gemäßer als der Alexandriner; durch das Fehlen der Reime ist er etwas der Prosa angenähert und ermöglicht ein natürliches Sprechen.

Botenbericht, schon in der griech. → *Tragödie* von wichtiger Funktion, weil sie an die → *Einheit* des Ortes, der Zeit und der Handlung gebunden ist. Ein Bote berichtet über relevante, aber zeitlich bereits zurückliegende oder an anderen Schauplätzen stattgefundene Ereignisse, so daß sie auf diese Weise in das Bühnengeschehen einbezogen werden. Doch auch das Drama der Neuzeit bedarf des B. als dramaturgisches Mittel, um die Darstellung von zu grauenvollen Taten auf der Bühne zu vermeiden, oder weil manche Geschehnisse bühnentechnisch nicht zu realisieren sind (z. B. eine Schlacht). Vgl. → *Teichoskopie*

Boulevardtheater meint zunächst das bürgerliche Theater der Jahrhundertwende in Paris, das in Gegensatz steht zur Comédie Française mit ihren Klassikeraufführungen. Die Bezeichnung B. rührt auch davon her, daß diese Art von Theater in den an den großen Boulevards von Paris gelegenen Häusern gespielt wurde. B. umfaßt heute nur noch das leichte Genre, die Unterhaltungsstücke. Das B. lebt nicht nur von seinen Stükken, sondern auch von beliebten Schauspielern, die heute zum großen Teil durch Film oder Fernsehen bekannt sind.

Briefroman, Spielart des →*Romans,* die völlig oder größtenteils aus fingierten Briefen oder Tagebucheintragungen besteht. Von der →*Erzählperspektive* her gesehen, übernehmen ein oder mehrere Briefschreiber die Rolle des Erzählers, so daß man den B. als eine Abart der →*Ich-Erzählung* betrachten kann. Bekanntestes Beispiel für den B. ist Goethes »Werther« (1774).

Bühne als Platz für die Darbietung von Schauspielen tritt zum erstenmal als »bün« bei Konrad v. Würzburg in der Mitte des 13. Jh. auf und bezeichnet eine Erhöhung des Bodens durch Bretter, von der aus man besser gesehen werden kann. Auf ihr plazieren sich Redner, Musiker, Gaukler und Marktschreier. In der Simultanb. des mittelalterlichen geistlichen Spiels werden – meist auf dem Marktplatz – verschiedene Schauplätze aneinandergereiht, auf denen gleichzeitig oder nacheinander gespielt wird. Die Simultanb. wird in den großen Festspielen des →*Barocks* in einer Weise erweitert, die den Rahmen der räumlichen und dramaturgischen Grenzen sprengt, d. h. es wird ein großangelegtes, über mehrere Plätze und Tage sich erstreckendes Schauspiel dargeboten, das mit großer Pracht ausgestattet und in seinen meist der antiken Mythologie verpflichteten Szenen nur lose zu einer Handlung zusammengebunden und dem höfischen und gesellschaftlichen Ereignis verpflichtet ist. Die Simultanb. ist die angemessene Form für ein Drama, das sich in eine andere Wirklichkeit – z. B. das christliche Jenseits im Mysterienspiel oder die »andere Wirklichkeit« moderner Autoren – öffnet und damit meist auch der tragischen Situation entzieht. Das expressionistische »Stationenstück« (→*Expressionismus*) und das Theater Brechts (→*Episches Theater*) bedienen sich häufig der Simultanb.

Die Shakespeare-B., die im 16. und 17. Jh. mit den engl. Komödianten nach Deutschland kommt, zeigt eine guckkastenartige Hinterbühne mit einem Vorhang im Hintergrund und einem balkonartigen Überbau auf drei Seiten.

Die Renaissance-B. vermittelt den Übergang zur Guckkastenb., die zur B. der meisten Dramen vom 17. Jh. bis heute wird. Es ist die Kulissenb. mit fiktiver perspektivischer Tiefe. Die zunächst von →*Szene* zu Szene oder →*Bild* zu Bild auszuwechselnden Kulissen werden mit der fortschreitenden technischen Entwicklung drehbar gemacht, woraus sich allmählich die moderne Drehb. entwickelt.

Die drei → *Einheiten* des antiken → *Dramas* sind durch das griech. Halbrundtheater bedingt, welches die Orchestra (Tanzplatz des Chores), die Parodoi (Auftrittsrampen für Chor und Schauspieler) und das zunächst aus Holz, später aus Stein gebaute Spielhaus, die Skene, begrenzen. Die Skene erhält im Laufe der Zeit die Ansicht einer Tempelfront oder eines Palastes, eines der häufigsten Szenenbilder der antiken Tragödie. Kulissen gab es in der einfachen Form der »Skenographia« erst seit Sophokles. – → *Bild*

Bürgerliches Trauerspiel, → *Tragödie,* ein → *Drama,* in dem der Bürger als Vertreter eines sozialen Standes in einen tragischen Konflikt gerät, ausgelöst durch Spannungen zwischen unterdrücktem Bürgertum und Adel oder aber durch sittliche Wertvorstellungen bzw. Normen des Bürgertums selbst.

Dem steigenden Selbstbewußtsein des Bürgertums in der → *Aufklärung* entsprechend und angeregt durch engl. Vorbilder (Lillo »The London Merchant«, 1731), ist Lessing der Begründer des b. T. in der dt. Literatur, nachdem man bis dahin die Anschauung verfochten hatte, die Tragödie bleibe nur den höchsten Gesellschaftsschichten vorbehalten, da der Bürger eines tragischen Konflikts überhaupt nicht fähig sei.

In der Entwicklung des b. T. lassen sich drei zeitliche Phasen unterscheiden. Die erste Phase beherrscht die Auseinandersetzung des Bürgertums mit dem Adel (z. B. Lessing »Emilia Galotti«, 1772, und Schiller »Kabale und Liebe«, 1784). – Die zweite Phase ist dadurch gekennzeichnet, daß der Konflikt aus der oft allzu engstirnigen bürgerlichen (bzw. kleinbürgerlichen) Moral selbst erwächst (Beispiel: Hebbel »Maria Magdalena«, 1844). – In der dritten Phase schließlich entlarven der → *Naturalismus* und die folgenden lit. Epochen endgültig die überkommenen Konventionen des Bürgertums. Dabei weitet sich das b. T. zum sozialen Drama bzw. in seiner späteren Entwicklung zum gesellschaftskritischen Drama schlechthin aus (Hauptmann, Ibsen, Sternheim, Brecht).

Burleske (von ital. burlesco = scherzhaft). Als Gattung des → *Komischen* will die B. nicht nur Lachen erregen, sondern durch übertreibende Verspottung menschliche Charaktereigenschaften oder Schwächen der

Lächerlichkeit preisgeben. Im Gegensatz zum Satirischen (→ *Satire*) fehlt der B. oft der sittliche Hintergrund. → *Posse*

Chiasmus (von griech. chiasmos = Gestalt des Buchstaben Chi [= X]), rhetorische Stilfigur; der Buchstabe X stellt das graphische Bild dieser rhetorischen Konstruktion dar, eine Wiederaufnahme oder Wiederholung eines Ausdrucks, wenn sich dieser Vorgang als Bild und Spiegelbild abspielt: »Von Berg zu Tal, von Tal zu Berg«,
oder auch »Bewundert viel und viel gescholten, Helena«.
a b b a
Der Ch. ist schon in der antiken Rhetorik ein beliebtes Mittel, ist aber auch im → *Barock* häufig verwandt worden.

Chiffre (frz. = Ziffer, Zahl, Geheimzeichen), Stilfigur der modernen Literatur, von allem der Lyrik. Dort, wo bei der → *Metapher,* dem → *Bild,* dem → *Symbol* oder dem → *Vergleich* das »gemeinsame Dritte«, das sog. tertium comparationis, verloren geht, spricht man von Chiffrierung und Ch. Der Bezug zwischen dem Gesagten und Gemeinten ist der abkürzenden Zeichen wegen nicht mehr ohne Schwierigkeit herzustellen, er ist »chiffriert«, verschlüsselt und kann nur aus dem Kontext entschlüsselt werden.

Chor im → *Drama* (von griech. choros = Tanzplatz, aber auch Reigen, Sängerschar); aus dem Reigentanz der Choreuten (= Chortänzer) bei der religiösen Handlung des attischen Dionysoskults entspringt die griech. → *Tragödie.* Mit der Gegenüberstellung des Hypokrités = des Antworters, der zugleich der → *Protagonist* wird, entsteht das eigentliche Drama. Bei Aischylos ist der Ch. noch das bestimmende Element, erst Sophokles, der den zweiten und dritten Schauspieler einführt, schränkt die Bedeutung des Ch. ein. Der Ch. spielt, vor allem bei Sophokles, selbst im Drama mit, er »kommentiert« das Geschehen und spricht in Reflexionen und Sentenzen über das Schicksal des Helden die Gedanken des Dichters aus. Bei Euripides verliert der Ch. wesentlich an Bedeutung, während er als komischer Ch. bei Aristophanes, z. T. von Tiergestalten (Wespen, Fröschen, Vögeln) dargestellt, seine große Bedeutung behält. Der Ch. in der griech. Tragödie und Komödie wurde gesungen und von einzelnen Instrumenten, meist der Flöte, begleitet. In der röm. Tragödie ist der Ch. z. T. noch erhalten, z. B. bei Seneca. In der Barocktragödie finden wir ihn als »Reihen« oder »Reyhen«, vereinzelt auch in den Tragödien von Racine. Bei Shakespeare steckt noch etwas von den sentenziösen Reden des Ch. in den Weisheiten seiner Narren.

Schiller nimmt den Ch. als →*Imitation* der griech. Tragödie in seiner »Braut von Messina« wieder auf und gibt in der Einleitung eine theoretische Grundlegung: »Der Ch. war in der alten Tragödie mehr ein natürliches Organ, er folgte schon aus der poetischen Gestalt des wirklichen Lebens. In der neuen Tragödie wird er zu einem Kunstorgan, er hilft die Poesie hervorbringen ... Der Ch. leistet daher dem neuern Tragiker noch weit wesentlichere Dienste als dem alten Dichter, eben deswegen, weil er die moderne gemeine Welt in die alte poetische verwandelt ... Der Ch. reinigt also das tragische Gedicht, indem er die Reflexion von der Handlung absondert und eben durch diese Absonderung sie selbst mit poetischer Kraft ausrüstet ... So wie der Ch. in die Sprache Leben bringt, so bringt er Ruhe in die Handlung – aber die schöne und hohe Ruhe, die der Charakter eines edeln Kunstwerkes sein muß.« Verwendung des Ch. bei Goethe, vor allem im »Faust« (Faust II, 3. Akt, Helena-Tragödie in Anlehnung an Sophokles, in Arkadien, Schluß des 3. Aktes und Faust II, 5. Akt, Schlußchöre).

Zweite Wurzel für den Ch. ist die kirchliche Liturgie des Mittelalters. Auch hier hat sich aus dem Wechselgespräch von Ch. und Einzelstimme ein Drama entwickelt um das Leiden Christi (Passionsspiele).

Auch das moderne Drama benutzt noch gelegentlich den Ch., und zwar wie in der Antike als Mittel zur Kommentierung des Bühnengeschehens (Weiss »Hölderlin«), gelegentlich allerdings in parodistisch-verfremdender Form (Dürrenmatt »Der Besuch der alten Dame«). – Die Funktion des Ch. übernimmt im modernen Theater vielfach auch der →*Song* (z. B. bei Brecht).

Codex (lat. = Baumstamm, Holzklotz), eine in der späten Antike entwickelte und bis ins Mittelalter verwendete Vorform des Buches anstelle der ursprünglichen Papyrusrollen. Seitdem man Pergament zum Schreiben benutzte, entstand der C., der viereckig ist und in Lagen gefaltete Pergamentblätter in Holzdeckeln, die z. T. mit Leder oder Edelmetallen überzogen sind, zusammenhält. Viele ahd. Texte finden sich in Codices.

Comics (von engl. comic strips = komische Bildstreifen), vor allem unter der Jugend verbreitete Unterhaltungslit., die man der → *Trivialliteratur* zurechnen muß, Hefte, die bildnerische, meist farbige Darstellungen und Textdarbietung in verschiedener Form (Sprechblasen, »Denkkästchen«, epische Überleitungen) miteinander in Verbindung bringen (z. B. Mickymaus-Hefte, Asterix-Hefte, Batman-Hefte usw.). Die Darstellungen folgen bestimmten Denkschemata, die oft von den Verfassern erwünschte (u. a. auch politische) Vorstellungen hervorrufen, festigen und damit auch manipulieren können. C. neigen zur vereinfachten Darstellung, auch im Falle der Asterix-Hefte, in denen meist der Kleine, Kluge und Schlaue (Asterix) über den Kraftprotz siegt (David-Goliath-Vorstellung). Doch sind die Klischees hier durch Humor und Witz gemildert. Die diesen primitiven Bildgeschichten beigegebene Sprache ist weitgehend vereinfacht, standardisiert, im Satzbau unvollständig und äußerst kurz gehalten; typisch sind Lautmalereien für immer wiederkehrende Geräusche.

Comédie larmoyante → *Komödie, Seite 74*

Commedia dell'arte → *Komödie, Seite 74*

Dadaismus, abgeleitet von den kleinkindhaften Stammellauten ›dada‹, radikale, antibürgerliche Kunst- und Literaturbewegung 1916–1924, die, vom Entsetzen der Zeit geschüttelt und zugleich von den unerhörten Möglichkeiten des modernen Lebens fasziniert, die überkommenen Kunst- und Gesellschaftsformen mit heftigen Schocks zerstören und die Freisetzung von allen Konventionen, Tabus, aber auch vom Zwang der Logik und des Bewußtseins erreichen wollte. Bezeichnend für den lit. D. ist das Deklamieren von Lauten, Wörtern und Satzbrocken ohne logischen Zusammenhang. Mitten im I. Weltkrieg im Züricher Kabarett »Voltaire« von T. Tzara, H. Arp, H. Ball, R. Huelsenbeck u. a. gegründet, breitet sich der D. bis nach Berlin und Paris aus. Die Motive und Aktionen hat H. Ball in seinem Tagebuch »Flucht aus der Zeit«, 1927, geschildert. Bleibende Lit. hat der D. kaum hervorgebracht, doch wirken seine Anstöße vielfältig, insbes. auf den → *Surrealismus* und die → *Konkrete Poesie,* weiter. – Vgl. → *Simultantechnik.*

Daktylus → *Hexameter, Seite 60;* → *Versfüße, Seite 147*

Dénouement (frz. = Enthüllung), Lösung eines Konflikts in einem epischen oder dramatischen Werk.

Deus ex machina (lat. = der Gott aus der Maschine), in der Antike häufig gebrauchtes Mittel, um eine unlösbare Verwicklung in einer → *Tragödie* im letzten Augenblick vor der Katastrophe durch einen Gott zur Lösung zu bringen, den man mit maschinellen Mitteln auf die Bühne hinabgleiten ließ. Von dieser Praxis abgeleitet, wird der Begriff auch heute noch dann angewandt, wenn ein Drama auf eine sehr unmotivierte Art endet.

Dialektdichtung (Dialekt = Mundart) ist eine vollständig in einer bestimmten Mundart abgefaßte Dichtung.

D. gibt es erst, seitdem sich eine Hochsprache von den landschaftsgebundenen Dialekten abgehoben hat. Zuvor war jede Dichtung D. Die Geltung einer D. ist meist an den Verbreitungsraum einer Mundart gebunden. Nur in seltenen Fällen gewinnt sie allgemeinere Wertschätzung, wie z. B. in den Romanen Reuters.

G. Hauptmann verwendet der naturalistischen Milieutheorie entsprechend den Dialekt als Stilmittel auch in seinen Tragödien (z. B. »Vor Sonnenaufgang« und »Die Ratten«). → *Naturalismus.*

Im Wiener Volkstheater, aber auch auf einzelnen Volksbühnen der Bundesrepublik, z. B. in Bayern, lebt die D. weiter.

Dialog (griech. dialogos = Unterredung)

a) Der D. ist wesentliches Mittel und sprachliche Grundform, in der Bühnenstücke verfaßt sind. Im → *Drama* treffen von zwei oder mehreren Personen vertretene gegensätzliche Meinungen als Rede und Gegenrede aufeinander und treiben so die Spannung des Dramas voran. (Gegensatz: → *Monolog*)

Der D. entsteht in der antiken → *Tragödie* bereits zu dem Zeitpunkt, als der → *Protagonist* (der erste Schauspieler) dem → *Chor* gegenübertritt, und entwickelt sich zur vollen dialogischen Grundform, als der Deuteragonist (der zweite Schauspieler) hinzukommt. – Von der Antike bis in unsere Zeit ist der D. das tragende Element des Dramas, wenn auch im 20. Jh. Theaterstücke entstanden sind, die den Verlust des D. zeigen, indem sie Menschen auf die Bühne stellen, die nicht mehr miteinander reden können oder wollen.

b) Auch in der →*Epik* findet sich der D., jedoch stellt er dort keinesfalls das Gerüst der Erzählkunst dar. Vor allem an Kernstellen epischen Erzählens hat der D. seinen berechtigten Platz, da er unmittelbarer und lebendiger auf den Leser wirkt.

c) Zur Diskussion philosophischer oder auch religiöser Probleme tritt der D. auch als selbständige lit. Form auf. Diese Art des D. geht auf Plato zurück, der verschiedene philosophische Meinungen durch einzelne Mitredner zu Worte kommen läßt, um so im Finden der Wahrheit den Schein der Objektivität zu wahren. Diese Form des D. ist u. a. auch im Mittelalter und im Zeitalter der Reformation eine beliebte Form der Auseinandersetzung von philosophischen und theologischen Meinungen. Ein bedeutsamer Beleg innerhalb der dt. Lit. dafür ist »Der Ackermann aus Böhmen« von Johannes von Tepl (um 1400).

Diärese (von griech. diairesis = Trennung), Begriff aus der Verslehre, der eine Stelle im Versinneren markiert, wo das Ende eines Versfußes und Wortes zusammenfallen.

Beispiel: »Und des Ackers entbehrt und des Gartens, / der ihn ernähret.« Die D. und →*Zäsur* sind keine künstlich gesuchten Stilmittel, sondern zunächst die natürlich eintretenden Gliederungsmöglichkeiten eines Verses, die immer wieder in Gegensatz zum Metrum treten müssen. Gerade in dem Spannungsverhältnis zwischen Metrum und Sinngliederung liegt der Reiz der gebundenen Sprache.

Didaktische Dichtung →*Lehrdichtung, Seite 80*

Digression (lat.), Abweichung, Bezeichnung für solche Teile innerhalb eines erzählenden Textes, die vom eigentlichen Thema abschweifen und stattdessen sich nur lose mit dem Hauptgeschehen verbundenen Gedankengängen widmen. In den meisten Fällen dient dieser erzählerische Kunstgriff dazu, die Spannung des Lesers zu steigern.

Distichon, Begriff aus der Verslehre (→*Metrik*), (griech. dis = doppelt; stichos = der Vers), mithin Doppelvers bzw. Verspaar, das in der Regel aus einem daktylischen →*Hexameter* und →*Pentameter* besteht und zu einer in sich abgeschlossenen Einheit der Aussage gelangt. →*Elegie*

Beispiel: »Im Hexameter steigt des Springquells flüssige Säule,
Im Pentameter drauf fällt sie melodisch herab.«
(Schiller, »Das Distichon«)

Dokumentartheater meint in strengem Sinn jene Stücke, die auf – freilich »montierten« und in einer bestimmten Absicht zusammengestellten – Dokumenten fußen und diese Dokumente als Textgrundlage benützen (z. B. Peter Weiss »Auschwitz-Oratorium«, wo die Verhandlungsprotokolle des Frankfurter Auschwitz-Prozesses in »verfremdende« Verse gebracht wurden) oder die Dokumentationen in ihre Handlung in Montagetechnik (→ *Montage*) aufnehmen (z. B. »Der Stellvertreter« von Rolf Hochhuth, wo der sog. Gerstein-Bericht verwendet wird, oder »In der Sache J. Robert Oppenheimer« von Heinar Kipphardt). D. steht im Gegensatz zum Drama, das sich einer erfundenen → *Fabel* bedient, das historische oder aktuelle Vorgänge in eine erfundene Handlung kleidet. D. will beweisen, daß im Vorgang und seiner dokumentarisch-sachlichen Veröffentlichung selbst eine dramatische Kraft liegt, so daß die Darstellung keiner »ästhetischen Verschönerung« bedarf, oder daß jede ästhetische Umformung in »schöne Sprache« die Wirklichkeit entstellen und damit verfälschen würde. Ohne Zutun und ohne unmittelbaren moralischen Appell soll allein die reale Darstellung der Wirklichkeit deren Unzulänglichkeit oder Wahrheit zeigen (→ *Expositorische Literatur*).

Drama (griech. = Handlung), neben → *Epik* und → *Lyrik* eine der dichterischen Grundformen, historisch aus kultischem Gesang und Tanz (→ *Tragödie*) erwachsen als Vergegenwärtigung des mythischen Geschehens, in der attischen Tragödie bereits Ausdruck der erfahrenen Widersprüchlichkeit und schuldig-unschuldigen Verstrickung menschlichen Daseins. Nach E. Staiger ist der dramatische der »spannende« Stil: das Geschehen bewegt sich auf ein noch Unbekanntes, Zukünftiges zu, es wird von der Leidenschaft, dem »Pathos«, nach dem Seinsollenden getrieben; das Unbedingte ist die Norm des dramatischen Helden. Das Stück kreist um ein ideelles Problem und ist demgemäß ganz auf den Schluß bezogen, der die Spannung löst. Es darf daher keine verweilenden Episoden geben, jedes Moment dient der problematischen Entwicklung, auch im Widerstand und Konflikt, und gilt nicht, wie im → *Epos,* um seiner selbst willen. Stimmung, Zuständlichkeit, Milieu sind ursprünglich dem D. fremd, weil sie den straffen dramatischen Fortgang hemmen. Der dramatische Stil zwingt zur bewußten künstlerischen Planung. Die alte Erörterung über Wert oder Unwert der drei → *Einheiten* (Zeit, Raum,

Handlung) wird entschieden, wenn man die Nötigung zur Einheitlichkeit im Dienst der inneren Konzentration des Geschehens sieht.

Die dramatische Sprache ist, vor allem in den Entscheidungsszenen, antithetisch (→*Antithese*) und von drängendem Rhythmus. Im scharfen →*Dialog* können die Sprecher von Vers zu Vers, ja innerhalb eines Verses wechseln (→*Stichomythie*). Oft spielt die Sprache durch doppelbödige, zweideutige Bedeutungen mit, deren eigentlichen tragischen oder komischen Sinn nur die Zuschauer verstehen.

Dem sehr bewußten Bau eines D. entspricht die Gliederung in →*Szenen,* auch Auftritte genannt, die durch den Wechsel der auftretenden Personen oder den des Ortes bestimmt sind, und in →*Akte.* Die Einteilung in drei oder fünf Akte, die seit der röm. Antike üblich ist, entspricht dem Wesen dramatischen Geschehens mit Einleitung (→*Exposition*), Entwicklung und Steigerung bis zum konfliktgeladenen Höhepunkt (→*Konflikt,* →*Peripetie*), retardierenden Momenten, Katastrophe oder Lösung (nach dem Schema G. Freytags). Doch ist dieses Schema lediglich für das →*Zieldrama* zu gebrauchen, es gilt z. B. nicht beim →*analytischen Drama,* bei dem die Entscheidung bereits vor Beginn gefallen ist und im Spiel nur die Konsequenzen entfaltet werden.

Nach →*Tragik* und Komik (→*Das Komische*) eingeteilt, übergreift D. →*Tragödie,* →*Komödie* und →*Schauspiel.* Im Laufe der Entwicklung hat das D. die vielfältigsten Formen hervorgebracht, die man unter sehr verschiedenen Aspekten auflisten kann. – Wesentlicher scheint es anzumerken, daß Brecht es gewesen ist (obwohl es Vorläufer gegeben hat), der dem →*aristotelischen D.* mit seiner emotional-illusionistischen Wirkung das →*Epische (nichtaristotelische) D.* gegenüberstellte, das den Zuschauer in kritischem Abstand zum Geschehen auf der Bühne beläßt und ihm so die dargestellte Problematik bewußter aufzuzeigen vermag.

Dramaturgie (von griech. dramaturgia = Verfertigung und Aufführung eines Dramas)

a) praktische Arbeit eines Dramaturgen (künstlerisch-wissenschaftlicher Berater an einem Theater) zusammen mit dem Regisseur, um ein Drama für eine Inszenierung aufzubereiten;

b) Lehre von Wesen, Wirkung und Formgesetzen des Dramas als Teilgebiet der →*Poetik* (z. B. Lessing »Hamburgische Dramaturgie«, 1767).

Dreiakter, Drama in drei →*Akten;* gegenüber dem fünfaktigen →*Drama* beinhaltet der erste Akt die →*Exposition,* der zweite die steigende Handlung und bereits Höhepunkt und →*Peripetie,* der dritte schließlich die Katastrophe bzw. Lösung (z. B. Dürrenmatt »Der Besuch der alten Dame«).

Drei Einheiten →*Einheiten, Seite 36*

Edition (von lat. editio = die Herausgabe, vornehmlich von Büchern) bezeichnet die Veröffentlichung von schriftstellerischen Werken, speziell die Schaffung für die Wissenschaft benutzbarer, einwandfreier Texte, der sog. historisch-kritischen Ausgaben. Vor allem ist die Zuverlässigkeit eines Textes kritisch zu überprüfen, da oft verschiedene Varianten (=Lesarten) zu einem handschriftlich aufgezeichneten oder auch gedruckten Text vorliegen (Raubdrucke z. B. bis weit ins 19. Jh. hinein). Während es bei antiken, ahd. und mhd. Texten primär darum geht, das meist nicht einwandfrei überlieferte Original nach wissenschaftlichen Methoden der Philologie freizulegen bzw. zu erschließen, handelt es sich bei Werken der neueren Lit. vor allem darum, den von einem Autor (meist durch seine Mitarbeit) als authentisch bezeichneten Text, die sog. »Ausgabe letzter Hand«, von früheren Entwürfen, späteren Überarbeitungen etc. zu trennen.

Einakter, ein →*Drama* in einem Akt, das ohne Einschnitt vor dem Zuschauer abrollt. Durch diese Form kann die dramatische Spannung erhöht werden. In der →*Tragödie* kann der Ablauf bis zur Katastrophe in einem schnelleren Tempo vor sich gehen, so daß die Wirkung des tragischen Geschehens noch gesteigert wird. Beisp.: Kleist »Penthesilea«, wo der »Höhenunterschied« zwischen seliger Liebeslust und tiefster Verzweiflung bei Penthesilea sich in einem rasanten Wechsel abspielt; Kleist »Der zerbrochene Krug«. E. besonders beliebt beim modernen Drama, wobei er vor allem dem Bedürfnis nach dem Experiment entgegenkommt. (Aufführungen der Studiobühnen, E. von Ionesco).

Einheiten, dramaturgischer Begriff, der besagt, daß ein → *Drama* an die drei E. der Handlung (keine vom Hauptmotiv ablenkende Nebenhandlungen), des Ortes (kein Wechsel des Schauplatzes) und der Zeit (Ablauf des Geschehens in maximal 24 Stunden) gebunden sei. Die Forderung, diese drei E. zu befolgen, leitete man einerseits aus der

→*Poetik* des Aristoteles, andererseits auch aus der griech. →*Tragödie* und →*Komödie* selbst ab. Die drei E. sind im griech. Drama aus den bühnentechnischen Gegebenheiten und dem kultischen Zweck heraus erwachsen und darum dort auch sinnvoll. Nachgeahmt wurden sie vor allem in der frz. klassischen Tragödie des 17. Jh. und in deren Imitation von Gottsched. Dieser strenge Formalismus wird von Lessing und den Stürmern und Drängern als eine falsch verstandene äußerliche Imitation kritisiert. Während man im →*Sturm und Drang* sich bewußt gegen alle Regeln wandte, da sie die künstlerische Freiheit einengten, hat sich für das moderne Drama weitgehend der Standpunkt Lessings durchgesetzt, der für das dt. Drama lediglich die E. der Handlung gelten lassen wollte.

Elegie (von griech. elegeia = lyrisch-episches, in →*Distichen* verfaßtes Gedicht), als Gattungsbegriff der Dichtung jedoch nicht völlig eindeutig zu bestimmen, da das Wort E. einen Bedeutungswandel erfahren hat und sowohl formal wie auch inhaltlich gebraucht wird.

Bei den Griechen wurde der Begriff E. ausschließlich formal verwandt, d. h. man verstand unter E. das Versmaß des elegischen →*Distichons,* in dem ein daktylischer →*Hexameter* mit einem →*Pentameter* verbunden ist. Wenn auch die E. in ihrer Frühform schon gelegentlich wehmütige Gefühle, nachdenkliche Betrachtungen oder Klagen über Trennung, Verlust und Tod zum Ausdruck bringt (und damit unserer heutigen Wesensbestimmung der E. im engeren Sinne entspricht), so umfaßt bei den Griechen die Form der E. insgesamt doch eine weitaus breitere Thematik, die von den Kampfliedern des Tyrtaios über die erotischen E. des Mimnermos bis zu der moralischen Staats-E. Solons und den Sagen-E. der Alexandriner reicht. – Die Römer pflegen die erotische, bukolische und idyllische E.: Tibull, Properz, der im Gegensatz zur Motivdichtung Tibulls mehr vom persönlichen Erleben bestimmt ist (Vorbild für Goethes »Römische E.«), und Ovid.

In der dt. Lit. gewinnt die E. erstmals im Zeitalter der →*Empfindsamkeit* an Bedeutung und ist zu dieser Zeit besonders beliebt, wobei vornehmlich bukolische Motive der röm. E. aufgegriffen werden, findet sich aber auch in der dt. → *Klassik,* indem vor allem der Widerspruch zwischen Ideal und Leben in der E. thematisiert wird.

Inhaltlich drückt nach Schiller die E. die Trauer aus über die Ferne des

Ideals von der Wirklichkeit. Sie ist das Muster einer sentimentalischen Gattung: »Setzt der Dichter die Natur der Kunst und das Ideal der Wirklichkeit so entgegen, daß die Darstellung der ersten überwiegt und das Wohlgefallen an demselben herrschende Empfindung wird, so nenne ich ihn elegisch« (Schiller »Über naive und sentimentalische Dichtung«). Schillers »Die Götter Griechenlands« und »Das Ideal und das Leben« sind dafür Beispiele, beide in Strophenform und nicht in elegischen Distichen geschrieben. Die Definition gilt auch für Goethes »Marienbader E.«, die aus sechszeiligen Strophen besteht. Ihr letzter Vers entspricht genau dem, was man inhaltlich als »elegisch« bezeichnen kann. Für Goethe ist das Aussprechen des Elegischen Rettung vor der inneren Zerstörung.

Über die dt. Klassik hinaus hat die E. bis ins 20. Jh. Bestand (Hölderlin »Brot und Wein«; Mörike; Rilke »Duineser Elegien«; F. G. Jünger »Der Mohn«, ein Elegienzyklus).

Elfenbeinturm → *L'art pour l'art, Seite 79*

Ellipse (von griech. elleipsis = Auslassung, Mangel), stilistisches Mittel, das Unwichtiges ausläßt, um so sprachlich eine stärkere Wirkung zu erreichen, vor allem im → *Drama* beim erregten Sprechen häufig vorkommend. »Feuer!« z. B. ist schärfer und damit eine deutlichere Aussage als »Dort drüben brennt ein Haus!« Trotz der grammatikalischen Unvollständigkeit gilt nach der modernen Sprachwissenschaft die E. als ein vollständiger Satz, der in seinem Zusammenhang völlig verständlich ist.

Emblem, Plural: Emblemata, (von griech. emblema = Hineingeworfenes, Hineingelegtes; urspr. eingelegte Metallarbeit, dann aber auch Kennzeichen, Abzeichen), lit. Sinnbild, Zeichen, das einen bestimmten, abstrakten Sinn verkörpert, z. B. »Anker« für Hoffnung, »Palme« für Treue usw. Im Unterschied zu dem mehr allgemeinverbindlichen Sinngehalt des → *Symbols* ist der des E. meist konventionell festgesetzt und für den Uneingeweihten oft nicht zu verstehen. Daher gab es schon in der → *Renaissance* Sammlungen von E. (z. B. des ital. Humanisten Alciatus, 1522), die häufig mit Hilfe von Zeichnungen den Sinn entschlüsseln halfen. In der Dichtung des 16. und 17. Jh. spielten die E. eine große Rolle und waren den Kennern wie eine Symbolsprache geläufig.

Beispiel (das E. »Palmenbaum« bedeutet die Treue):

Ein grünes Feld
Dient meinem Schilde
Zum Wappenbilde,
Bei dem ein Palmenbaum drei Anker hält.
(J. Chr. Günther)

Emigranten-Literatur → *Exilliteratur, Seite 48*

Empfindsamkeit, lit. Strömung zwischen 1740–1780, die als eine Reaktion auf die als zu einseitig empfundene Bestimmung von Leben, Denken und Dichten durch die Ratio in der → *Aufklärung* zu verstehen ist. Sie gerät unter die Auswirkungen des → *Pietismus* mit seiner starken Betonung der Empfindung und des Gefühls. Lit. ist dieses neue Lebensgefühl bes. durch den engl. → *Roman* nach Deutschland gekommen und hier auf fruchtbaren Boden gefallen. Das gefühlsbetonte Moment herrscht vor allem in den Oden Klopstocks und in seinem »Messias«, in Rousseaus »Nouvelle Héloise« und in Sternes »Sentimental Journey«. (Lessing schlug »empfindsam« als Übersetzung von engl. »sentimental« vor, und so wurde der dt. Ausdruck zum Begriff für diese Strömung.) Vorbild ist in England vor allem Richardson (»Clarissa«), der als »Entdecker« der E. gilt. Auch Goethes »Werther« ist noch ein empfindsamer Roman. Schiller stellt den empfindsamen Dichter zu der Gruppe der sentimentalischen (»Über naive und sentimentalische Dichtung«). Der empfindsame Dichter suche die Natur.

Engagement (frz. = Verpflichtung) meint, auf die Lit. bezogen, die innere Anteilnahme und Verpflichtung des Schriftstellers, zu ideologischen, politischen, sozialen oder religiösen Fragen Stellung zu beziehen und durch seine Schriften im Hinblick auf die Öffentlichkeit eine bestimmte Bewußtseinsbildung zu bewirken.

Engagierte Literatur (abgeleitet von dem von Sartre 1945 geprägten Begriff »littérature engagée«) ist zweckhaft und nützlich (Horaz: prodesse), stellt sich vor allem dem politischen Leben zur Verfügung, sucht (oft kämpferisch) neue Ideen wirksam zu machen, Mißstände aufzudecken und zielt letztlich auf eine Veränderung der bestehenden Verhältnisse in Staat und Gesellschaft ab. Sie begreift sich als Gegensatz zur Kunst des → *l'art pour l'art* und zur rein ästhetisch verstandenen

Kunst, die sich aus der Wirklichkeit bzw. dem Zeitgeschehen zurückzieht. Epochen wie der →*Sturm und Drang,* das →*Junge Deutschland,* der →*Naturalismus,* z. T. auch der →*Expressionismus,* aber auch die Lit. in der Bundesrepublik nach 1960 zeigen deutliche Tendenzen zur engagierten Lit.

Enjambement (frz. Überschreitung), auch Versbrechung oder Zeilensprung genannt, bezeichnet in einem Gedicht oder Versdrama das Hinüberschreiten einer Satz- oder Sinneinheit aus einem Vers in den nächstfolgenden.

Beispiel: Ich melde dieses neue Hindernis
dem Könige geschwind; beginne du
das heil'ge Werk nicht eh', bis er's erlaubt.
(Goethe »Iphigenie« V. 1441 ff.)

Das E. ist ein stilistisches und künstlerisches Mittel, das einen dynamischen Gegensatz von →*Metrum* und natürlichem Sprechrhythmus zur Folge hat. Mag das E. die Verssprache auch gelegentlich der →*Prosa* annähern, so verhilft es doch primär zu einer größeren Geschmeidigkeit der Sprachgebung.

Enthüllungsdrama →*analytisches Drama, Seite 14*

Entwicklungsroman, grundlegender Typ gerade des dt. Romans, welcher das Reifen der natürlichen Gegebenheiten einer Person in ständiger Auseinandersetzung mit ihrer Umwelt zur Darstellung bringt und zumeist das Persönlichkeitsideal einer bestimmten Epoche spiegelt. Die Übergänge zu besonderen Spielarten des E. wie dem →*Bildungsroman* und dem Erziehungsroman, der eine pädagogische Theorie an einem Beispiel verdeutlicht, sind fließend.

Epigonendichtung (von griech. epigonos = nachgeboren), eine Dichtung, die vorhergegangenes Literaturgut nach Inhalt und Form lediglich nachahmt, selbst aber unschöpferisch bleibt. Eine epigonenhafte Dichtung folgt zumeist unmittelbar auf eine bedeutsame Epoche der Lit., z. B. kann man die Nachbildung der höfischen →*Epik* im ausgehenden Mittelalter als epigonal bezeichnen.

Im engeren Sinne betrachtet man als E. diejenige dt. Lit. in der ersten Hälfte des 19. Jh., die – als Gegenströmung zum →*Realismus* – an die Dichtung der →*Klassik* und →*Romantik* anknüpft und vor allem nach

Formvollendung strebt. Die Bezeichnung E. geht auf Immermanns Roman »Die Epigonen« (1836) zurück.

Epigramm (von griech. epigramma = Auf-, Inschrift), bei den Griechen urspr. Aufschrift auf Grabmälern oder Werken der bildenden Kunst, meist in → *Distichen*. Aus ihnen entwickelte sich eine selbständige Dichtungsart, das E. oder Sinngedicht (lyrisch-epische Mischform), das die vielfältigsten Gedanken in sehr geraffter, geistreich zugespitzter Form behandelt. Das E. richtet sich an den Verstand, will belehren und fordert oft auch den Leser zur Stellungnahme auf. Ist der Grundton satirisch, nennt man E. auch Xenien. Das E. war im → *Barock*, der → *Aufklärung*, vor allem aber auch in der → *Klassik* sehr beliebt. (Schiller/Goethe: »Xenien-Almanach«)

Beispiel: Würde des Menschen

Nichts mehr davon, ich bitt euch. Zu essen gebt ihm, zu wohnen,
Habt ihr die Blöße bedeckt, gibt sich die Würde von selbst.

(Schiller)

Epik (von griech. epikos = zum → *Epos* gehörend), neben → *Lyrik* und → *Drama* die sog. mittlere der drei dichterischen Gestaltungsmöglichkeiten (→ *Gattung*); demnach umfassender Oberbegriff für alle erzählende Vers- und Prosadichtung. (→ *Das Epische*)

Nach Wolfgang Kayser besteht die »epische Ursituation« darin, daß ein Erzähler Zuhörenden etwas Geschehenes berichtet (→ *Bericht*). Damit ist bereits ein Charakteristikum der Epik gegeben: die Distanz zwischen Erzähler und Erzähltem, die sog. epische Distanz. Die E. gewinnt damit an Objektivität gegenüber der Lyrik, bleibt dennoch aber subjektiver als die Dramatik, da die dichterische Aussage nicht durch auf der → *Bühne* agierende Personen objektiviert zur Darstellung gebracht wird.

Seine eigentliche Leistung vollbringt der Erzähler jedoch unter lit. Aspekt, wenn er eine neue, von der Sprache geschaffene Wirklichkeit entstehen läßt. Dabei hängt die Qualität des Erzählens nicht von dem Maß der in ihm mitgeteilten Realität ab, sondern davon, wie es seinen Stoff zu einer neuen, in sich stimmigen fiktiven Welt gestaltet.

In der E. wird vom Standpunkt des Erzählers bereits Vergangenes erzählt; darum ist das »epische Präteritum« (Imperfekt) die sich aus dem Rückblick von selbst ergebende und damit natürlichste Zeitform des Erzählens. Ein weiteres Charakteristikum epischer Langformen (s. u.) ist die sog. »epische Breite«, d. h. die Freude an einer ausführlichen Darstellung von Einzelheiten, Abschweifungen oder auch Wiederholungen; allerdings darf dadurch nicht die Hauptintention eines epischen Werkes überwuchert werden.

Aus der »Ursituation« des Erzählens heraus haben sich nicht nur verschiedene Strukturelemente der E. entwickelt (z. B. chronologischer Ablauf des Geschehens, Rückblenden, Raffung bzw. Dehnung des erzählten Geschehens), sondern auch, teilweise zusätzlich durch die Intention des Erzählers bedingt, verschiedene epische Formen.

Epische Kurzformen (Kurzepik): →*Sage,* →*Märchen,* →*Legende,* →*Anekdote,* →*Erzählung,* →*Fabel,* →*Parabel,* →*Kurzgeschichte* u. a.

Epische Langformen (Großepik): →*Epos,* →*Saga,* →*Volksbücher,* →*Novelle,* →*Roman.*

Epilog (griech. epilogos = Nachrede), vor allem Schlußworte am Ende eines → *Dramas,* die zumeist an den Zuschauer gerichtet sind und ihm noch einmal die Intention des Stückes verdeutlichen oder ihn mahnen und zum Nachdenken auffordern wollen (z. B. der E. in Brechts »Der gute Mensch von Sezuan«). – Gegensatz: →*Prolog*

Epipher (griech. epiphora = Zugabe), rhetorische Figur, die aus der Wiederholung eines Wortes oder Wortgefüges am Ende aufeinanderfolgender Sätze oder Satzteile besteht (z. B. »Er will alles, kann alles, tut alles«). – Gegensatz: →*Anapher*

Das Epische, weiter zu fassen als der Begriff →*Epik,* da die Übergänge zwischen den »drei echten Naturformen der Poesie« (Goethe), d. h. →*Lyrik,* →*Epik* und →*Drama* fließend und diese rein klassifizierenden Oberbegriffe in unserer Zeit umstritten sind. Das E. ist in der Tat nicht nur an zur Epik zählende Formen gebunden, vielmehr findet sich eine erzählende Haltung auch in der Lyrik (dort vor allem in der →*Ballade*) oder auch im Drama, etwa in Brechts →*Epischem Theater.*

Episches Theater, vor allem von Brecht postulierte Alternative zum klassischen oder aristotelischen Theater. Brecht versteht es in erster Linie als politisches Theater. Er will den Zuschauer aus der passiven, der Suggestion und Illusion durch das Dargestellte ausgelieferten Haltung befreien und zu einer kritischen Stellungnahme zu dem auf der →*Bühne* Demonstrierten bewegen. Daher der Verfremdungs- oder V-Effekt

(→ *Verfremdung*), der die Illusion aufheben und den bloßen Spiel- und Parabelcharakter (→ *Parabel*) des Stückes bewußtmachen soll.

Die Gegensätze zwischen aristotelischem und E. T. hat Brecht in seinem »Kleinen Organon für das Theater« formuliert. Wichtige Gesichtspunkte: 1. Forderung eines Theaters, das »Gedanken und Gefühle verwendet und erzeugt, die bei der Veränderung des historischen Feldes selbst eine Rolle spielen«. 2. Kennzeichnung der historischen Relativität, Belassung der Unterschiedlichkeit der historischen Gegebenheiten, eine für den Marxismus typische Betrachtungsweise. 3. Herbeiführung der Erkenntnis, daß »historische Bedingungen vom Menschen geschaffen und nicht Ausfluß dunkler Mächte (des Schicksals) sind«. 4. Forderung einer Spielweise, die den beobachtenden Geist frei und beweglich erhält. 5. Diese Spielweise beruht auf dem »Verfremdungseffekt« (V-Effekt), der folgendermaßen definiert wird: »Eine verfremdende Abbildung ist eine solche, die den Gegenstand zwar erkennen, ihn aber doch zugleich fremd erscheinen läßt.« 6. Diese Methode des Theaterspielens entspricht der materialistischen Dialektik, welche die gesellschaftlichen Zustände als Prozesse und in ihrer Widersprüchlichkeit versteht. 7. Der Schauspieler darf sich nicht in die dargestellte Person hineinversetzen. Er darf »nicht Lear sein, er darf ihn nur spielen«. Er darf die dargestellte Person nicht »erleben«. 8. Gegenstand des Spiels ist der »veränderliche und veränderte Mensch«.

Das Geschehen des E. T. läuft nicht wie beim aristotelischen Theater dramatisch auf Höhepunkt, Katastrophe bzw. Lösung zu, sondern wird in allen seinen Wendungen und Möglichkeiten vorgeführt. Die einzelnen Szenen, oft auch »Bilder« genannt und damit den Charakter des Epischen unterstreichend, besitzen eine gewisse Selbständigkeit und sind in ihrer Reihenfolge oft austauschbar. Auch Spruchbänder zu Beginn und zwischen den einzelnen Szenen sowie Songs stellen epische Elemente dar.

Die Form des E. T. hat einen großen Einfluß auf moderne Dramatiker ausgeübt, wenn diese auch die marxistische Position Brechts nicht teilen.

Episode (von griech. epeisodion = noch dazu Kommendes, Einschiebsel), urspr. im griech. Drama die Dialoge zwischen den einzelnen Chorliedern; heute eine in ein → *Drama* oder einen → *Roman* eingeschobene Nebenhandlung, die nur in lockerer Beziehung zur Haupthandlung steht, aber in sich abgeschlossen ist.

Epoche (griech. = Haltepunkt), in der Lit.- und Kulturgeschichte ein Zeitabschnitt, der durch bestimmte politische und gesellschaftliche Gegebenheiten, gemeinsame Tendenzen, Ideen, philosophische und naturwissenschaftliche Erkenntnisse und Formen des Lebens und der Darstellung geprägt ist. Bei der Charakterisierung einer E. geht es meist nicht ohne Vereinfachung ab, da die Persönlichkeit des Dichters oder Künstlers oft in einer dynamischen Auseinandersetzung mit den Ideen der E. steht. Doch kann sich der Dichter oder Künstler diesen Ideen nicht entziehen, und seine Leistung ist häufig nur durch das Verständnis dieser Ideen zu erklären. Oft ist es geradezu erstaunlich, wie die entgegengesetztesten Individualitäten im Geiste der E. doch vieles gemeinsam haben. Die E. überschneiden sich zeitlich, und was chronologisch in den Literaturgeschichten als aufeinanderfolgend erscheint, läuft oft nebeneinander und gleichzeitig ab. So muß man sein geistiges Bild und seine Vorstellung der E. immer wieder durch chronologische Vergleiche zurechtrücken.

Die →*soziologische Literaturbetrachtung* hat die Bedeutung des Epochenbegriffs insofern neu in den Blickpunkt gerückt, als sie die gesellschaftlichen Gegebenheiten historisch relativierend berücksichtigt. E. ist dabei primär ein historischer, durch bestimmte gesellschaftliche und ökonomische Verhältnisse geprägter Zeitabschnitt.

Epos (griech. = Wort, Ausspruch, Erzählung), früheste epische Großform (→*Epik*), d. h. eine breit angelegte Verserzählung in rhythmisch oder metrisch gebundener Sprache (→*Hexameter*, →*Alexandriner*, →*Blankvers* u. a.). Aus Mythen und →*Heldenliedern* formt der Epiker die Breite des Weltbildes einer Gesellschaft, das unbezweifelt angenommen wird (die homerische Götterwelt durch die Griechen z. B.). Das E. hat seine hohe Zeit in einer aristokratischen Gesellschaft, in der die kosmisch-göttlichen Ordnungen in mythischer Weise (→*Mythos*) gelten: das Gilgamesch-E. (3. Jahrtaus. v. Chr.), die alten indischen und persischen E., Homer (um 700 v. Chr.), Vergils »Äneis« (29–19 v. Chr.), das Nibelungenlied (um 1200). Im mhd. E. (deshalb auch schon höfischer Roman genannt) arbeitet jedoch schon der Widerspruch gegen die aufsteigende christliche Daseinsspannung (Wolframs »Parzival«), die in den großepischen Dichtungen, Dantes »Divina Commedia« (1307–21), Miltons »Paradise Lost« (1667), Klopstocks »Messias« (1748–73), die alte sorglose, naive Gegenwartsbezogenheit des E. durchbricht. Der modernen differenzierten Wirklichkeit entspricht als epische Großform der →*Roman.* Die modernen Versuche, das E. zu erneuern, müssen daher in die →*Idylle* ausweichen: Voß »Luise«, Goethe »Hermann und Dorothea«, Hebbel »Mutter und Kind«, Mörike »Idylle vom Bodensee«; Spitteler muß in seinem »Olympischen Frühling« die griech. Götterwelt zurückrufen und eigene Mythen erfinden, denen jedoch das Publikum fehlt.

Erbauungsliteratur, volkstümliche Schriften und Dichtungen meist religiösen Charakters. Sie sollen dem einzelnen Menschen oder der religiösen Gemeinschaft das Glaubensgut bewußt und verständlich machen, den Glauben stärken und die Seele erheben. Im Hoch- und Spätmittelalter ist die E. von der →*Mystik* beeinflußt: Predigten der Franziskaner- und Dominikanermönche, die Schriften des Bernhard von Clairvaux und des Bonaventura, die Visionsberichte mystischer Nonnen (z. B. das »Fließende Licht der Gottheit« der Mechthild v. Magdeburg), die Predigten und Traktate des Meisters Eckhart, das »Büchlein der ewigen Weisheit« von Heinrich Seuse, die Predigten von Tauler.

Auch die Reformation bedient sich der E., wobei seit Luther das Gesangbuch und die Bibel selber zu den eigentlichen E.-Büchern werden. Die E. erlebt nochmals einen großen Aufschwung im →*Pietismus* des 18. Jh. Vgl. →*Kirchenlied,* →*Religiöse Dichtung.*

Erlebnis, in der Dichtung der – nicht herauslösbare – »Bestandteil«, der auf der Verarbeitung eigener E. des Dichters fußt. Seine Bestimmung ist sehr schwer, weil eigenes Erleben einen äußerst vielschichtigen Vorgang darstellt, der nicht nur konkrete äußere E., sondern ebenso innere E., wie z. B. Erinnerungen, Vorstellungen, Vorgänge des Unterbewußten, beinhalten kann. Obwohl das E. die Grundlage jeglichen dichterischen Schaffens bildet und darum letztlich jede Dichtung, in einem gewissen Maß zumindest, als E.dichtung angesprochen werden kann, muß doch an jedem lit. Werk im einzelnen die Verarbeitung von Erlebtem auf ihre Intensität hin überprüft werden. Erst wenn autobiographische Bezüge deutlich nachzuweisen sind, spricht man von E.dichtung im engeren Sinn.

Erlebte Rede, erzählerisches Mittel in der →*Epik* zur Wiedergabe von Gedanken handelnder Personen. Die e. R. ist eine Zwischenform zwischen direkter und indirekter Rede, und zwar in der 3. Person Indikativ, zumeist Präteritum (Imperfekt).

(»Drei, drei, neun. Er mußte nach dem Taxi telefonieren. Er hatte Angst, aber er war dennoch bei klaren Sinnen, und er hatte sich jetzt fest entschlossen, die Folter nicht auf sich zu nehmen. Weder Gott noch der Klosterschüler konnten von ihm verlangen, daß er seinen Körper den Peitschen oder Gummischläuchen der Anderen aussetzte. Wie hatte er sich bisher den Sieg der Anderen erklärt?« – Andersch »Sansibar oder der letzte Grund«)

Das Beispiel verdeutlicht, daß die e. R. Gedanken aus der Perspektive einer Romanfigur selbst wiedergibt, nicht aus der des Erzählers. – Die e. R. zählt neben dem →*inneren Monolog* und →*Bewußtseinsstrom* zu den bedeutsamsten modernen Erzählmitteln.

Erregendes Moment, im →*Drama* der erste entscheidende Umstand, der über die bloße →*Exposition* hinausführt, durch dramatische Verwicklung(en) Spannung erzeugt und die Handlung bis zum Höhepunkt ansteigen läßt.

Erzählperspektive, auch Erzählsituation oder Erzählhaltung genannt, bezeichnet den Standpunkt des Erzählers, von dem aus er fiktives Geschehen vermittelt. Dabei lassen sich nach Stanzel drei typische E. voneinander abgrenzen, die in einem längeren epischen Werk jedoch kaum unvermischt auftreten.

1) Die auktoriale E. (auctorial = bevollmächtigt, von lat. auctor/autor = der Urheber, Verfasser) ist dadurch gekennzeichnet, daß ein allwissender, das gesamte Geschehen überschauender, persönlicher Erzähler über den erzählten Geschehnissen und damit außerhalb des Erzählten steht. Die a. E. ist die älteste, schon im antiken →*Epos* verwandte E.; typisch für sie ist, daß der Erzähler sich immer wieder kommentierend, wertend oder schon auf Zukünftiges vorausweisend in das erzählte Geschehen einblendet (z. B. Th. Mann »Der Zauberberg«).

2) Die Ich – E. verwendet durchgängig die 1. Person Singular und zeigt den Erzähler als selbst unmittelbar Beteiligten am erzählten Geschehen, das er selbst erlebt bzw. durch andere Figuren der Erzählung in Erfahrung bringt. Selbstverständlich ist das Ich dabei lediglich eine fiktive Gestalt und nicht mit dem Verfasser gleichzusetzen. Wie bei der a. E.

herrscht auch hier eine hauptsächlich berichtende Erzählweise vor (z. B. Grass »Die Blechtrommel«).

3) Die personale E. scheidet den Erzähler als Vermittler zwischen Autor und Leser völlig aus, und dadurch »öffnet sich dem Leser die Illusion, er befände sich auf dem Schauplatz des Geschehens, oder er betrachte die dargestellte Welt mit den Augen einer Romanfigur, die jedoch nicht erzählt, sondern in deren Bewußtsein sich das Geschehene gleichsam spiegelt. Damit wird die Romanfigur ... zur Rollenmaske, die der Leser anlegt.« (Stanzel) Obgleich die p. E. nur aus einem beschränkten Blickwinkel ein Geschehen reflektieren kann, liegt ihr Vorzug in der Unmittelbarkeit und Intensität, in der inneres Geschehen gespiegelt wird. Gerade darum arbeitet die p. E. vielfach mit den Erzählmitteln der →*erlebten Rede,* des →*inneren Monologs* oder →*Bewußtseinsstroms* (z. B. Andersch »Sansibar oder der letzte Grund«).

Auf den Roman bezogen, unterscheidet man zwischen auktorialem, personalem und Ich-Roman.

Erzählung, im engeren Sinn eine epische Kurzform, die weder den kunstvollen Aufbau der →*Novelle,* noch den eine Welt umfassenden Horizont des →*Romans* hat und sich im Gegensatz zu →*Märchen,* →*Sage,* →*Legende* an reale Geschehnisse und Figuren hält. Die Gattung E. kann also nur vage umschrieben werden. Ihr Kern ist das natürliche Erzählen dessen, was der Erzähler erlebt, erfahren oder gehört hat, wobei dem inneren Erlebnis oft ein größeres Gewicht zukommt als dem äußeren.

E. wird oft auch lediglich als Oberbegriff für kürzere epische Formen verwendet.

Erzählzeit, Zeitraum, den man benötigt, um ein episches Werk zu lesen. Die Korrelation der E. zur erzählten Zeit, d. h. dem Zeitumfang, den die erzählte Handlung eines epischen Werks abdeckt, kann wesentliche Aufschlüsse über die Struktur eines →*Romans* geben.

Essay (frz. essai, engl. essay = Versuch) schließt schon in sich, daß ein Problem ohne Anspruch auf eine verbindliche Lösung erörtert wird. Der E. ist meist umfangreicher als das →*Feuilleton*, mit dem er die subjektive Freiheit in der Wahl der Formulierungen gemeinsam hat, auch wird von ihm ein genaueres Eingehen auf die gestellte Thematik und eine gewissenhafte Begründung gefordert. Im Gegensatz zur systematischen, methodisch begründeten wissenschaftlichen Abhandlung ist der E. eine »offene« Form.

Etymologie (von griech. etymos = wahrhaft; logos = Wort, Sinn, Lehre), die Wissenschaft von der Sprachentwicklung, von den Sprachfamilien und der Sprachverwandtschaft. Etymologische Verwandtschaft ist nicht die Verwandtschaft der Bedeutung, sondern der Sprachstämme. Beisp.: »Gast« ist mit lat. »hostis« = der Feind etymologisch verwandt, während es inzwischen gerade die gegenteilige Bedeutung angenommen hat; idg.* ghostis (*bezeichnet eine erschlossene Form) = Fremdling, lat. hostis = Feind, got. gasts, ahd. schon gast, nhd. Gast, altbulgar. gost = Gast.

Euphemismus (von griech. eu = gut; pheme = Stimme, Wort), sprachlich mildernde, oft beschönigende, verhüllende Umschreibung eines unangenehmen oder anstößigen Sachverhalts (z. B. »dahinscheiden« für »sterben«).

Euphuismus (nach dem Roman des Engländers John Lyly »Euphues, die Anatomie des Witzes«, 1578), überladener, schwülstiger Stil. In Lylys Roman findet sich eine Häufung von Parallelismen, Anspielungen und Antithesen. Diese übertriebene Sprachgebung findet im Barock Nachahmer, wird später aber verspottet. Vgl. → *Marinismus.*

Exilliteratur (von lat. exilium = Verbannung) meint jede Art von Lit., die von emigrierten oder zwangsweise ausgebürgerten Schriftstellern stammt. Auf die dt. Lit. bezogen, denkt man dabei etwa an Heine oder ehemalige DDR-Schriftsteller, vor allem aber an jene Lit., die von den im sog. Dritten Reich (1933–1945) emigrierten oder ausgebürgerten Schriftstellern verfaßt und publiziert wurde. – Der Exilschriftsteller muß unter ganz neuen Bedingungen arbeiten. Er muß sich neue Publikationsmöglichkeiten (Verlage) und ein neues Publikum suchen, vielleicht sogar in der Sprache des fremden Landes schreiben. Seine Thematik, vor allem wenn er ein politisch und gesellschaftlich engagierter Autor ist, erhält eine neue Perspektive. Seine Themen sind sein Schicksal und die Auseinandersetzung mit den Zuständen daheim sowie mit der Lit. der alten und neuen Heimat.

Was hier allgemein gesagt wurde, läßt sich unmittelbar auf die Situation in Deutschland unter der Herrschaft des Nationalsozialismus übertragen. Ab 1933 wurde unser Land eines wesentlichen Teiles seiner geistigen Elite (Schriftsteller, Komponisten, Musiker, Regisseure, Schauspieler, Wissenschaftler etc.) beraubt, da sie jüdischer Herkunft waren oder wegen ihrer Publikationen bzw. Tätigkeiten in den zwanziger Jahren von dem Regime nicht länger geduldet wurden. Beispielhafte Schicksale sind die Lebenswege von Brecht, Döblin, H. Mann, Th. Mann, Musil, Werfel, Zuckmayer oder St. Zweig. – Typische Werke der E.: Th. Manns Roman »Doktor Faustus«, der zusammen mit Manns Rundfunkreden in den USA und seinem Vortrag »Deutschland und die Deutschen« eine Auseinandersetzung mit der dt. Mentalität und Geschichte darstellt; Brechts »Flüchtlingsgespräche«; Werfels Roman »Das Lied von Bernadette«, der auf Grund eines Gelübdes entstanden ist, oder seine ›Komödie einer Tragödie‹ »Jacobowsky und der Oberst«.

Exposition (von lat. exponere = darstellen), die für den Zuschauer im Theater zum Verstehen des Stückes notwendige einführende Information über die Ausgangssituation und Hauptcharaktere zu Beginn eines →*Dramas*. Die E. findet sich meist im 1. Akt (gelegentlich auch im Prolog) und liefert die Vorgeschichte zu der nach dem →*erregenden Moment* voll einsetzenden Haupthandlung. Das →*analytische Drama* kennt keine E., da bei Beginn des Dramas das entscheidende Ereignis bereits geschehen ist, das Drama gleichsam von hinten her aufgerollt wird.

Der Begriff E. wird gelegentlich analog auch bei anderen lit. Gattungen, z. B. der →*Novelle,* verwendet und bezweckt auch dort das Bereitstellen der Situation, Charaktere und Konstellationen, die sich von hier aus weiterentwickeln.

Expositorische Literatur (von lat. exponere = darstellen, darlegen), Publikationen, die auf einen ganz bestimmten Gebrauchszweck hin geschrieben werden und damit zur nichtfiktionalen Lit. zählen. Die Autoren e. L., die sich oft kritisch mit der politischen und gesellschaftlichen Wirklichkeit auseinandersetzen, haben zwar primär keine künstlerischen Absichten, müssen aber, um wirksam zu sein, auch lit. Elemente bei der Verfolgung ihrer Ziele einsetzen. →*Reportage,* →*Glosse,* →*Essay* sind u. a. Formen der e. L. (Beispiel: »13 unerwünschte Reportagen« von Wallraff).

Expressionismus (von lat. expressio = Ausdruck), künstlerische Epoche zwischen 1905–1925, die im Gegensatz zum → *Impressionismus* eine Kunst des seelischen Ausdrucks des Ich anstrebte. Der E. ist zwar eine europ. Erscheinung, hat sich aber sowohl auf dem Gebiet der bildenden Künste als auch vor allem im lit. Bereich bei weitem am stärksten in Deutschland ausgewirkt.

Die Erschütterungen des geistigen, gesellschaftlichen und politischen Lebens, die sich seit der Jahrhundertwende abzeichnen, rufen in den sensiblen Vertretern der jungen Generation um 1910 Visionen des Kommenden und Abwehr- und Ausbruchsversuche hervor und bewirken Impulse zu ethischer, religiöser, sozialer und in der späteren Phase auch politischer Aktivierung des Menschen. Zeitschriften mit bezeichnenden Titeln wie »Die Aktion«, »Der Sturm«, »Das Ziel« sammeln die aufbrechenden Kräfte. Zahlreiche Manifeste, Pamphlete, → *Essays* begleiten die Bewegung. Die Dichtung ist in hohem Maße thematisch, die oft schockierenden Formexperimente dienen der Vergegenwärtigung der ersehnten seelischen Unmittelbarkeit, der direktesten Aussage. Es geht ihr darum, die Entfremdung des Menschen von seiner Bestimmung, fühlende, mitempfindende, liebende Kreatur zu sein, in pathetischem Ansturm aufzuheben. Die revolutionäre Welle, die der Weltkrieg freigesetzt hatte, wurde von der zweiten Generation der Expressionisten aufgenommen in der Hoffnung, daß mit dem Zerbrechen der starren staatlichen und gesellschaftlichen Institutionen, deren entfremdender Gewalt der Mensch ausgeliefert ist und die ins Chaos geführt hatten, der Weg für den »neuen Menschen« frei werde.

In einer aus den Fugen gehenden Welt auf sich selbst zurückgeworfen, gaben die expressionistischen Dichter ihr Bestes in der Lyrik. Heyms visionäre Gedichte (z. B. »Der Krieg«, »Der Gott der Stadt«), Trakls dunkle, von lautlos leuchtenden Bildern übersponnene Schwermut, Werfels ekstatischer Aufruf zur Brüderlichkeit und Kreatürlichkeit (Buchtitel: »Wir sind«, »Einander«), Ernst Stadlers langzeilige Rhythmen, Stramms Versuche, das Wort zu intensivieren, die kindlich-innigen Verse der Lasker-Schüler werden zum festen Bestand der deutschen Dichtung gehören.

Um die Entfremdung zwischen Ich und Welt zu überwinden, nicht mehr Gegenüberstehendes bloß zu schildern, sondern in der Sprache (die selbst an der Welt und am Ich teilhat) mit ihm zu verwachsen und dabei selbst wesenhafte Existenz zu gewinnen, muß der expressionistische Dichter die Sprache, die in ihrer gewohnten Form *zwischen* ihm und der Wirklichkeit steht, sich *vor* das elementare Erleben des Wirklichen schiebt, umformen. Das erreicht der E. durch gezielte Auflösung der Syntax (Wegfall der Artikel, Bindewörter, Präpositionen usw.), Wortballung, die Betonung des Rhythmus vor der Harmonie, eine starke Symbolik und kühne Bilder, um den Strudel von Welt, Emotion und Energie zum Ausdruck zu bringen. Der Stil ist vielfach grell, pathetisch, ekstatisch, oft durchsetzt mit aufrüttelnden Schreien.

Sein Verkündigungswille drängte den E. auch zur Bühne. Nicht mehr individuelle Personen stehen im Mittelpunkt expressionistischer Dramen, sondern Menschentypen wie der Vater, der Sohn, der Bettler usw. Die Themen entsprechen denen der Lyrik: ekstatisch glühende Suche nach Gott (Barlach »Die Sündflut«), nach dem neuen Menschen (Georg Kaiser »Gas I«, »Gas II«), soziale Kritik (Sternheim, Toller »Maschinenstürmer«, »Masse Mensch«, »Der deutsche Hinkemann«).

Die expressionistische → *Epik* ist nicht sehr ergiebig, da dem Erzähler es offenbar Schwierigkeiten bereitete, von den Ansprüchen des E. her zu einer neuen Form hinzufinden. Zu nennen sind die frühen Werke von Döblin und Edschmid, Heym und Sternheim, wobei Döblin wie auch Kafka in ihren Hauptwerken bereits aus der Welt des E. hinausführen.

Fabel (von lat. fabula = Erzählung),

a) als lit. Gattung eine kurze Geschichte, die auf eine Moral, Lebenserfahrung oder allgemeine Wahrheit abzielt. Zumeist Tiere, gelegentlich auch leblose Dinge treten als mit Sprache und Vernunft ausgestattete Wesen auf, jedoch ist deren Tun und Sagen nicht Selbstzweck, sondern beispielhaft auf den Menschen zu beziehen, dem so auf anschauliche und zugleich kritische Weise ein Spiegel menschlicher Verhaltensweisen vorgehalten wird. – Wegen ihres lehrhaften Charakters war die F. besonders in der → *Aufklärung* sehr beliebt. Die damals entstandenen F. bzw. F.bearbeitungen stehen in einer langen Tradition, die von dem sagenhaften Griechen Äsop ausgeht und über den Römer Phädrus zu dem Franzosen Lafontaine und dann zu Lessing und Gellert führt. – Die moderne F. verzichtet auf den deutlichen Schluß und die oft als Nutzanwendung gesondert formulierte Moral; sie läßt beides offen. Damit rückt sie in die Nähe der → *Parabel;*

b) im weiteren Sinn der in kurzer Form skizzierte, logisch verknüpfte Handlungsablauf eines epischen oder dramatischen Werks, der dessen zentrale Intention bereits erkennen läßt.

Fazetie →*Schwank, Seite 122*

Farce (von lat. farcire = vollstopfen), tritt urspr. im späten Mittelalter in Frankreich als Füllsel bei religiösen Mysterienspielen auf und stellt ein meist erotisch bestimmtes komisches Pendant zum religiösen Ritus dar. Die F. nahm später selbständige Form an und wurde vor allem in der Fastnachtszeit mitten auf öffentlichen Plätzen, von erhöhten Podesten oder auf Wagen, gespielt. Manche Stoffe griffen auf Schwankerzählungen zurück, so daß Kürze, geringe Personenzahl, einfache Handlung, grobe, oft erotische Witze und volkstümliche Sprache die entscheidenden Kennzeichen der F. waren.
Seit dem →*Sturm und Drang* gewann die F. auch in Deutschland an Bedeutung, und zwar vorwiegend als Literaturparodie oder Literatursatire.

Fastnachtsspiel →*Komödie, Seite 74*

Feuilleton (frz. = Blättchen),
a) der dem Geistes – und Kulturleben vorbehaltene Teil einer Zeitung;
b) die meist kurze Darstellung einer lit., kulturellen, allgemein menschlichen, lebenskundlichen oder auch gesellschaftskritischen Frage, oft in überspitzten Thesen, geistreich formuliert, durch ihre Unverbindlichkeit in einem gewissen Gegensatz zu der wissenschaftlich-theoretischen Schreibweise stehend. Vgl. →*Essay*.

Fiktionale Literatur (von lat. fictio = Erdichtung), Publikationen, die lediglich der Vorstellungskraft eines Schriftstellers entsprungen sind, nicht auf einem auch außerhalb dieses lit. Textes vorhandenen Sachverhalt beruhen und sich darum einer Überprüfung an der Wirklichkeit entziehen. Gegensatz: →*expositorische Lit.* Jedoch ist die Grenze zwischen fiktionaler und nichtfiktionaler (= expositorischer) Lit. nicht völlig eindeutig zu bestimmen.

Form (von lat. forma = Gestalt) bezeichnet die äußere Gestalt eines lit. Werkes z. B. hinsichtlich Gattung, Struktur, Stil, Metrum usw. im Gegensatz zum Inhalt bzw. zur Substanz der Aussage. Seit der Klassik herrscht die Einsicht vor, daß Gehalt und Gestalt (= Form) eines lit. Werkes einander bedingen und darum untrennbar miteinander verbunden sind. Ob ein Stoff die ihm innewohnende, angemessene Form gefunden hat, entscheidet i. a. über die Qualität eines Kunstwerkes.

Fragment (lat. fragmentum = Bruchstück), unvollständig überliefertes oder nicht vollendetes Werk. Vor allem aus der antiken und mittelalterlichen Lit. sind zahlreiche Texte nur fragmentarisch, etwa als Zitat in einem fremden Werk, auf uns gekommen (die »Poetik« des Aristoteles, das »Hildebrandslied«). In jedem dichterischen Nachlaß gibt es Arbeiten, die aus äußeren oder inneren Gründen nicht abgeschlossen werden konnten, die jedoch oftmals von beträchtlichem lit. Wert sind (Hölderlin »Tod des Empedokles«, Büchner »Woyzeck«, Schiller »Demetrius«).

Besonders in der →*Romantik* finden sich zahlreiche F., weil der Romantiker, von der Sehnsucht nach dem Unendlichen getrieben, kein Maß kennt und von einem zum andern weiterwandert, so daß die vollendete Abrundung, die klassische Geschlossenheit versagt bleibt (Novalis' Roman »Heinrich von Ofterdingen«).

Freie Rhythmen, an kein bestimmtes →*Metrum* und keine →*Strophenform* gebundene, nur durch den inneren Rhythmus geformte Verse. Sie unterscheiden sich von rhythmischer →*Prosa* durch ein größeres Maß an metrischer Gleichförmigkeit der Hebungen. Ihnen entspricht eine freie Strophengliederung. F. R. erscheinen zuerst in den Oden Klopstocks, wo das überströmende Gefühl und der Preis Gottes (Thema der Unendlichkeit oft schon im Titel) die konventionellen Formen sprengen. Der junge Goethe benutzt sie zur Äußerung eines überquellenden, stürmischen Lebensgefühls in den Hymnen »Ganymed«, »Prometheus«, »Mahomets Gesang«, »An Schwager Kronos« usw. Herder nennt die F. R. »die natürlichste und ursprünglichste Poesie«. Ihre vollendete Anwendung finden sie in den späten Hymnen Hölderlins, in den »Hymnen an die Nacht« des Novalis, bei Nietzsche und in den »Duineser Elegien« Rilkes. Die in der modernen Lyrik zu beobachtende Tendenz zur Nominalisierung und Restriktion sowie die Abneigung gegen den Reim und metrische Zwänge führen dazu, daß die F. R., die freilich oft ihren dynamischen Charakter verloren haben, wieder eine größere Rolle spielen.

Funktionalismus. Jedes Element eines geordneten Ganzen hat in diesem seine Funktion. So hat z. B. jedes Satzglied seine bestimmte Funktion, d. h. Leistung im Satzganzen zu erfüllen; sie kann semantisch (Bedeutung vermittelnd) oder syntaktisch (Ordnung vermittelnd) sein. Auch in der Dichtung leistet jedes einzelne →*Bild,* →*Motiv,* Wort usw., unbeschadet seines Eigenwertes, einen nur von ihm erfüllbaren Beitrag zur Gesamtgestalt. Vielfach hat ein Glied mehrere Funktionen zu erfüllen. Welche Funktion ein Glied leistet, läßt sich in der Dichtung nur aus dem Zusammenhang des Ganzen bestimmen (vgl. auch →*Kontext*).

Gattung bezeichnet zwei verschiedene terminologische Bereiche der Lit.wissenschaft:

a) die Arten und Formen der Dichtung wie →*Elegie,* →*Ballade,* →*Tragödie,* →*Novelle* usw.

b) die Grundformen der Dichtung überhaupt: →*das Lyrische,* →*das Epische* und das Dramatische. Goethe nennt sie die drei »Naturformen der Poesie«.

Es ist oft versucht worden, diese drei Grundphänomene auf menschliche Gegebenheiten und Grundsituationen zurückzuführen. Von der Kommunikationstheorie (→*Kommunikation*) ausgehend, erlaubt Bühlers »Sprachtheorie« eine solche Zuordnung, da er der Sprache drei fundamentale Leistungen zuschreibt und zwischen Sprache als Ausdruck (lyrisches Sprechen), Sprache als Darstellung (episches Sprechen) und Sprache als Appell (dramatisches Sprechen) differenziert.

Eine feste Zuordnung der vielfältigen Formen und Arten der Literatur (a) zu den drei Grundmöglichkeiten dichterischer Gestaltung (b) läßt sich allerdings nicht immer durchführen, da manche Formen (z. B. die →*Ballade*) an allen drei Grundphänomenen Anteil haben. Die neuere Lit.wissenschaft sieht diese Einteilung wegen der zu starren und groben Klassifizierung darum auch als problematisch an.

Gebrauchsliteratur →*expositorische Literatur, Seite 49*

Gebundene Rede, im Gegensatz zur ungebundenen →*Prosa* durch →*Rhythmus,* →*Metrum,* oft auch durch →*Reim* und →*Strophen* gekennzeichnete Sprachgebung und somit wesentliches Gestaltungsmittel der Lyrik (→*Das Lyrische*).

Gedankenlyrik, Gedichte, die nicht primär Gefühlen, Empfindungen und Stimmungen Ausdruck verleihen, sondern philosophische, religiöse, weltanschauliche oder auch politische Ideen zum Tragen bringen.

Gehalt, die geistige Substanz eines lit. Werkes im Gegensatz zur rein stofflichen Grundlage und äußeren →*Form.*

Gelegenheitsdichtung stammt aus einer Zeit, als die Dichtung selbstverständliche Begleitung der herausgehobenen Daseinsereignisse wie Hochzeit, Taufe, Begräbnis, Fürstenempfang usw. war und das Geschehnis in gehobener Sprache gefeiert und gesteigert wurde. Diese Tradition führt zurück bis in die ältesten Totenklagen und Grabepigramme. Vor allem →*Renaissance* und →*Barock* zeitigen zur Erhöhung der zahlreichen Feste viele G. Schon Scaliger führt sie in seiner →*Poetik* 1561 als eigene Gattung auf, Opitz nennt sie in einem Atem mit →*Epos* und →*Tragödie.* Viele Lieder von Simon Dach und dem Königsberger Kreis, Weckherlins »Preislied auf Moritz von Oranien«, J. Chr. Günthers »Preislied auf den Frieden von Passarowitz« (1718 auf Prinz Eugen) sind G. Auch Goethe und Mörike benützen gerne äußere Anlässe zu Gedichten.

Geniebegriff charakterisiert im →*Sturm und Drang* die Ansicht vom Dichter, im Gegensatz zum gelehrten und reflektierenden Dichter der →*Aufklärung.* Das Genie kennzeichnet Ursprünglichkeit, die keiner Regeln bedürfe, Intuition und Spontaneität. Das impulsive, gefühlsbestimmte Schaffen wird gegen die Bindung an Normen und Muster gestellt.

Lavater: »Wo Wirkung, Kraft, Tat, Gedanke, Empfindung ist, die von Menschen nicht gelernt und nicht gelehrt werden kann – da ist Genie. Genie – das allererkennbarste und unbeschreiblichste Ding! fühlbar, wo es ist, und unaussprechlich wie die Liebe.«

Klopstocks Art zu dichten und sein Pathos ermutigen zur genialischen Nachfolge; Hemsterhuis, Hamann, Rousseau geben theoretische Impulse. Vor allem wirken die Herausgabe der fingierten Ossian-Lieder durch Macpherson, Youngs »Conjectures on Original Composition«, 1759, und Herders Schriften über Shakespeare, über Ossian und die Lieder alter Völker (vgl. →*Volksdichtung*). Homer, Pindar und Shakespeare gelten als die großen Beispiele für das »Originalgenie«, das sich in dem

Ideal des »großen Kerls« in den Dramen der Stürmer und Dränger niederschlägt.

Gesellschaftsdichtung, im weitesten Sinne eine Dichtung, die von einer bestimmten soziologisch einheitlichen Gesellschaftsschicht befruchtet oder getragen wird. Ihre Formen sind weithin von der Konvention festgelegt und lassen dem Autor nur geringen Spielraum zur Aussprache individueller Regungen. Solche werden auch von der Gesellschaft, für die die G. geschrieben wird, nicht erwartet. Die G. dient vielmehr der festlichen Erhöhung bestimmter Anlässe oder der idealisierenden Selbstdarstellung einer Gesellschaftsordnung. Ihren Höhepunkt hat sie in →*Renaissance,* →*Barock* und →*Rokoko.* Die barocken Festspiele wurden, vielfach unter Beteiligung höfischer Personen, an den Höfen aufgeführt (→*Schäferpoesie*). Die G. zerfällt zugleich mit der von der →*Aufklärung* und dem modernen Individualismus geförderten Aufhebung der gesellschaftlichen Schichtungen.

Die Theorie des →*sozialistischen Realismus* bezieht die Lit. unmittelbar auf die gesellschaftlichen Situationen und Belange. Sie will zur Vollendung des sozialistischen Menschenbildes beitragen. Aus der realistischen Schilderung der Wirklichkeit, die sie vom →*Realismus* übernimmt, gewinnt sie ein moralisches Postulat.

Nach der modernen Literaturbetrachtung ist Lit. stets von der Gesellschaft abhängig. Sie ist also immer G. oder, besser gesagt, Gesellschaftsliteratur. Schon das sprachliche Kommunikationsmodell (→*Kommunikation*) erklärt die Lit. nach der Funktion, die sie jeweils in der Gesellschaft ausübt. Sie versteht Lit. ebenso wie der sozialistische Realismus als die Abschilderung einer jeweils geschichtlichen Wirklichkeit. Lit. ist ein Politikum im weitesten Sinne.

Gesellschaftsroman zeichnet das Bild einer bestimmten Gesellschaftsform mit der von ihr verkörperten Geisteshaltung und ihren besonderen Problemen, oft nicht ohne kritische Intention.

Ghasel (von arabisch ghazal = Gespinst), aus dem Orient zu Anfang des 19. Jh. im Dt. übernommene Gedichtform mit Versen beliebiger Taktart, bei denen mehrere Wörter reimen. Der 1. Vers schlägt den Reim an, dann reimen alle geraden Verse, die ungeraden nicht. (Versschema:

aa ba ca da usw.) Meist 3–15 Verspaare, die jeweils eine in sich abgeschlossene Aussage beinhalten.

Beispiel:

Während Blut in reichen Strömen floß dem Wahne, *floß der Zeit,*
Standst du, Held, auf beiden Ufern, ragend als *Koloß der Zeit!*
Tief zu sich herabgezogen alles Große hatten sie,
Doch du kamst und herrschtest mächtig überm kleinen *Troß der Zeit.*
(Platen »Ghaselen«)

Glosse (von griech. glossa = Zunge, Sprache):

a) Erklärung bzw. Übersetzung einzelner lat. Wörter in ahd. Sprachdenkmälern, entweder zwischen den Zeilen oder am Rande eines Textes. Eine Sammlung von Glossen nennt man Glossar.

b) span. Gedichtform, auch in die dt. Dichtung übernommen, bei der ein im allgemeinen vierversiges »Motto« (= Thema) in vier zehnzeiligen Strophen so abgewandelt wird, daß deren Schlußverse zusammen wieder das Motto ergeben.

c) Kurze, meist ironische oder polemische Stellungnahme zu politischen, gesellschaftlichen oder kulturellen Ereignissen in der Zeitung. (→ *Feuilleton*)

Groteske (von ital. grottesco, abgeleitet von grotta = Grotte, weil eine bestimmte Art antiker Ornamentik, die in »Grotten«, nämlich Thermen und Kaiserpalästen in Rom, gefunden wurde, in der → *Renaissance* wiederverwendet wurde), eine Darstellungsart, die sich mit → *Satire* und Karikatur berührt. Während diese sich in kritischer Absicht an einer Norm, einem als richtig empfundenen Bild orientieren, dringt in der G. ein dunkler, anonymer Untergrund mit durch, zeigt sich in ihr das Auseinanderfallen einer Welt an, ohne daß mehr ein Horizont bliebe, in dem auch das Zerstörerische seinen Sinn gewänne, wie es etwa in der Apokalypse der Fall ist. Die Dinge erscheinen in Verwirrung, das Natürliche erweist sich als monströs, das Wirkliche wird fremd, unheimlich, bodenlos, Grauen steigt aus dem bedrohlich Hereinwirkenden, das sich nicht identifizieren läßt.

Groteske Züge bestimmen u. a. eine Reihe von Schriften der → *Romantik,* die Dramen Büchners, aber gerade auch lit. Werke des 20. Jh. (z. B. Kafka, Grass, Dürrenmatt).

Guckkastenbühne → *Bühne, Seite 27*

Hakenstil, Stilmittel der germ. Stabreimdichtung, das, ähnlich wie beim → *Enjambement,* eine Sinneinheit in der Versmitte enden läßt. So bildet die zweite Hälfte der aus zwei Kurzversen bestehenden germ. → *Langzeile* einen über deren Ende »hinaushakenden« Satz- oder Sinnzusammenhang mit dem ersten Kurzvers der folgenden Langzeile.

Handlung, Gesamtheit aller Geschehnisse in epischer oder dramatischer Dichtung. Zu differenzieren ist zwischen der äußeren H., d. h. dem Ablauf konkreter Ereignisse, und der inneren H., seelisch-geistigen Prozessen also, ferner zwischen Haupt- und Nebenh. Vor allem beim → *Drama* ist die H. zur Konfliktbildung, aber auch für die Struktur des Stücks von wesentlicher Bedeutung.

Hebung, betonte Silbe eines Verses in der dt. → *Metrik;* Gegensatz: → *Senkung*

Heimatdichtung, um 1900 gegen Verstädterung, Intellektualisierung, zivilisatorische Dekadenz auftretende Strömung (Worpswede in der bildenden Kunst), die sich an die großen Realisten des 19. Jh., Gotthelf, Keller, Storm, Raabe, Reuter, Ebner-Eschenbach u. a., anschloß und neue künstlerische Impulse aus dem Erlebnis der heimatlichen Landschaft und ihrer Menschen, des Volkstums, des bäuerlichen Daseins zu gewinnen hoffte. Die H. hat eine Reihe bemerkenswerter Autoren hervorgebracht (Frenssen, Klara Viebig, Löns, Emil Strauß, L. v. Strauß und Torney, Waggerl, Grogger, Kneip). Im 3. Reich wurden die Tendenzen der H. in die »Blut- und Boden«-Parolen des NS-Regimes umgewandelt.

Heldenepos, aus dem germ. → *Heldenlied* entstanden, das die ältere und kürzere (balladenhaft-dramatische) Form darstellt. Das germ. Heldenlied wird oft als H. bezeichnet; doch ist diese Bezeichnung mißverständlich, weil das germ. Heldenlied in seinem Charakter nicht episch ist. Die Stoffe des germ. Heldenliedes werden bis ins Hochmittelalter hinein immer wieder aufgenommen und bearbeitet. Dies geschieht nicht, wie es sich die Forschung der → *Romantik* und des 19. Jh. vorgestellt und wie sie es am Beispiel Homers und des Nibelungenliedes nachzuweisen versucht hat, durch Aneinanderreihung und Zusammenfügung zahlreicher alter

Lieder, sondern durch »Aufschwemmung« (Heusler). Wohl ist es möglich, daß einzelne Lieder miteinander verbunden werden (Nibelungenlied), aber das »Anschwellen« und »Aufschwemmen« vom Heldenlied zum H. geschieht meist dadurch, daß »Szenen« und Situationen ausführlicher erzählt, eben »epischer« dargestellt werden, daß die Handlung breiter angelegt, daß das dramatische Element verdrängt wird und daß die Formen einer neuen, veränderten Gesellschaft (höfische Welt und Christliches) dem alten Stoff aufgesetzt oder mit ihm vermischt werden. Dabei können neue Elemente befruchtend wirken, z. B. die neue Gesellschaftsform des mittelalterlichen höfischen Menschen im Nibelungenlied. Trotzdem erhält sich das H. die Naivität und Unkompliziertheit des Erzählens. Es ist meist frei von reflektierender Spiegelung des Geschehens. Sein Weltbild ist ungebrochen, und darin unterscheidet es sich vom höfischen Epos des Hochmittelalters.

Diese Entwicklung vom Heldenlied zum H. ist nicht nur im germ. Bereich zu verfolgen. Das dt. H. hat seine lit. Vorbilder zwar nicht in Frankreich wie das höfische Epos, doch ist der erwähnte Vorgang zum ersten Mal in Frankreich zu beobachten, nämlich beim Rolandslied, das sich zu etwa 4000 Versen »auswächst«: der alte Konflikt um die Heldenehre verbindet sich mit neuen christlichen Vorstellungen. Um 1140 geschieht dasselbe mit dem spanischen Stoff vom »Cid«, und in Deutschland folgt am Ende des 12. Jh. das Nibelungenlied, das nun einige Lieder miteinander verschmilzt, deren wichtigste Stufen zu greifen oder zu rekonstruieren sind. Das Nibelungenlied, das seinem Geist nach heidnisch-germ. ist und vor allem in der Gestalt des Rüdiger noch einmal den tragischen Konflikt des germ. Heldenliedes darstellt (ohne Übernahme, denn Rüdiger ist die Schöpfung des »letzten« Nibelungendichters), fußt auf dem Alten Atli-Lied und den alten Liedern um Siegfried und Brünhild. Das mhd. H. benützt im Gegensatz zum → *höfischen Epos,* das im Reimpaar steht, die sog. → *Nibelungenstrophe.* → Das *Epische,* → *Epos.*

Heldenlied (altgerm.), episch-balladenhafte Liedform, Ausgangspunkt für das → *Heldenepos.* Das Politisch-Geschichtliche gibt nur den Hintergrund für einzelmenschliches tragisches Schicksal, z. B. den verhängnisvollen, unausweichlichen Zusammenstoß von Vater und Sohn im Hildebrandslied. Ehre und Sippenrache sind seine bevorzugten Themen: Adelsdichtung, die von Sängern mündlich vorgetragen wurde. Im 3.–

7. Jh. ausgebildet, verwendet es die germ. → *Langzeile.* In knapper Diktion schreitet es von Höhepunkt zu Höhepunkt, die → *Dialoge* treiben die Handlung voran, oft ohne epische Überleitung. Manche Lieder bestehen ganz aus Rede und Gegenrede. Ursprünglich decken sich Satz und Zeile, später bildet sich der sog. → *Hakenstil,* in dem die Sätze über das Versende hinausgreifen. Da außer dem Hildebrandslied kein H. schriftlich überliefert ist, müssen sie aus vielfältigsten Quellen erschlossen werden.

Hermeneutik (von griech. hermeneuein = auslegen), Lehre von der Ausdeutung eines Schriftwerks bzw. auch die Methodik, um die Intention des Autors voll zu erschließen (→ *Interpretation*).

Hexameter (von griech. hex = sechs; metron = Maß), ein sechsfüßiger Daktylus (→ *Versfüße*), der Vers des griech. und röm. → *Epos.* In den ersten vier Daktylen können die beiden kurzen Silben auch durch eine lange ersetzt werden, so daß aus dem Daktylus ein Spondeus (→ *Versfüße*) wird. Der letzte Daktylus bleibt unvollständig und ist meist ein Trochäus (→ *Versfüße*). – Auf die dt. Metrik bezogen, muß man statt von langen und kurzen natürlich von betonten und unbetonten Silben bzw. → *Hebung* und → *Senkung* sprechen.

Schema des H.: x́xx | x́xx | x́xx | x́xx | x́xx | x́x

Der H. ist für das Dt. nicht ungeeignet, da die meisten dt. Wörter anfangsbetont sind und manche mit dem daktylischen Rhythmus zusammenfallen. Durch Klopstock wurde der H. in die dt. Lit. übernommen, in der → *Klassik* vielfach benutzt, gelegentlich auch noch im 19. und 20. Jh.

Höfische Dichtung, Standesdichtung des Rittertums und erste Blütezeit der dt. Lit. von ca. 1150–1250. Die Höfe des hohen Adels sind maßgebend beteiligt an der Entwicklung ritterlicher Kultur und einer Dichtung, die von den hochgesteckten Idealen dieses Standes geprägt wird und keinesfalls die Wirklichkeit spiegelt, sondern ein überhöhtes Wunschbild vorbildlichen Menschentums zur Darstellung bringt. Ein zentrales Thema der h. D. ist die Frage, wie einerseits die Bindung an Gott und andererseits Rittertum als Bewährung in der Welt miteinander in Einklang zu bringen sind. H. D. hat vor allem als höf. Lyrik (→ *Minnesang*) und → *höf. Epos* Gestaltung gefunden.

Höfisches Epos, erzählende Form der →*höfischen Dichtung,* zum Vortrag vor einem adligen Zuhörerkreis bestimmt, zumeist in vierhebigen Reimpaarversen ohne strophische Gliederung abgefaßt und durch epische Breite gekennzeichnet. Durch frz. Vorbilder angeregt, greift das dt. h. E. fremde Sagenstoffe auf (vor allem den keltischen Sagenkreis um König Artus) und gelangt durch Hartmann von Aue (»Erec«, »Iwein«), Wolfram von Eschenbach (»Parzival«) und Gottfried von Straßburg (»Tristan und Isolde«) zu einer eigenständigen und vergeistigten Ausprägung christlich-ritterlicher Lebensideale.

Hörspiel ist wie der Film eine die moderne Technik benutzende Kunstform und wurde, als die Versuche, dramatische Dichtungen durch den Rundfunk zu übertragen, scheiterten, den Möglichkeiten des Hörfunks gemäß geschaffen. Trotz scheinbarer Verwandtschaft mit dem Film arbeiten seine Mittel ganz anders. Die evozierende Kraft des gesprochenen Wortes steht im Mittelpunkt. Eine →*Szene* wird erst im Augenblick, da sie ertönt, geschaffen und entsinkt der Aufmerksamkeit des Hörers wieder, sobald sie verstummt. Die Geräuschkulissen bleiben trotz ihrer raffinierten Möglichkeiten vom Wort abhängig. Denn das Wort erst verleiht ihnen ihre Bedeutung und ihren Zusammenhang, wie es auch die Leistungen des Bühnenbildes, der Beleuchtung, Maske und Gestik übernehmen muß. Vom Film hat das H. die Blende gelernt, mit deren Hilfe es Räume und Zeiten wechseln und überlagern, reale und imaginäre Ebenen übereinanderschieben kann. Doch muß jede neue Ebene erst wieder vom Wort her aufgebaut werden, das H. ist nicht so sekundenhaft beweglich wie der Film. Dafür ergreift es die Phantasie des Hörers viel intensiver, läßt Traumhaftes wirklich werden und verfremdet das Alltägliche.

Humanismus (von lat. humanus = menschlich). Die Bemühung der →*Renaissance* um die Antike hat neben ihrer allgemeinen Auswirkung auf ein neues Lebensgefühl auch eine wissenschaftliche Seite, wobei vor allem die Beschäftigung der Humanisten mit der griech. Sprache, Lit. und Geisteswelt im Mittelpunkt steht. Hier wird, obgleich auch von Italien angeregt, der dt. H. führend, wobei er meist mit der Reformation Hand in Hand geht (Melanchthon, Ulrich v. Hutten). Die philologisch-gelehrte Beschäftigung mit den antiken, jetzt vor allem griech. Texten führt zur →*Imitation* der Formen antiker Dichtung. So schreibt man z. B. auch in dt. Sprache Gedichte nach der quantitierenden → *Metrik,* was schließlich zu völlig sinnwidriger Betonung der Wörter führt. Opitz hat in seiner »Deutschen Poeterey« (1624) mit dieser Unsitte aufgeräumt. Humanistische Lit. ist also im wesentlichen gelehrte Lit. Vertreter der humanistischen Dichtung in Deutschland (wobei sich Renaissance und H. kaum trennen lassen): Albrecht von Eyb, Niklas von Wyle; neulat. H.: Reuchlin, Celtis, Erasmus von Rotterdam, Melanchthon.

Humoreske, kurze, von zum Schmunzeln anregendem Humor getragene → *Erzählung*

Hybris (griech.), Maßlosigkeit, frevelnder Hochmut des Menschen, der gegen die von den Göttern gesetzte Ordnung verstößt und so deren Rache herausfordert; eine für die griech. Antike, aber auch die Dramen Schillers wesentliche Vorstellung.

Hymne (von griech. hymnos = Lobgesang), urspr. kultischer Gesang zum feierlichen Lob und Preis eines Gottes oder Heroen (homerische H., Pindar). Daneben werden auch die biblischen Psalmen zum großen Vorbild für die europ. H.-Dichtung. Das Mittelalter nennt jedes Loblied auf Gott oder Heilige H. Klopstock gestaltet in enthusiastischer Hinwendung zu den hohen religiösen und patriotischen Themen eine neue H.-Form aus → *freien Rhythmen* und meist vierzeiligen, lockeren Strophen (»Dem Unendlichen«). Aus dem Lebensgefühl des → *Sturm und Drang*, beeindruckt durch Pindars H., entstehen in kühnen Rhythmen und formsprengender Begeisterung Goethes Jugend-H. »Ganymed«, »Prometheus«, »An Schwager Kronos« usw. Die »Hymnen an die Nacht« von Novalis sind dem mystischen Schauer der Nacht und des Todes zugewandt. Den modernen H.-Begriff vollenden Hölderlins späte H. Die religiöse Begeisterung säkularisiert Whitman in seinen »Grashalmen«, die sich pantheistisch allen Dingen und Erscheinungen der Natur und des Menschenlebens zuwenden. Nach Nietzsches Dionysos-Dithyramben äußert der → *Expressionismus* sich wieder hymnisch in der Verkündigung einer neuen Menschheit (Däubler, Werfel u. a.).

Die formalen Merkmale der H. wechseln, da sie sich dem inneren Gefühlsstrom anschmiegt. Auch ist sie oft nicht scharf von der → *Ode* abzugrenzen.

Hyperbel (von griech. hyperballein = über das Ziel hinaus werfen), übertriebene Ausdrucksweise, die nicht nur in der geformten Sprache sehr häufig ist, sondern auch in der Umgangssprache: »Man kann dir alles hundertmal sagen!« oder: »Er kam mit Blitzeseile daher.«

Hypotaxe → *Satz, Seite 120*

Ich-Form (Ich-Erzählung) → *Erzählperspektive, Seite 46*

Idylle (von griech. eidyllion = Bildchen, kleines Gedicht), kürzere epische oder in Dialogform abgefaßte Form der Dichtung, oft auch mit lyrischen Einlagen, die schon in der Antike als eigenständige lit. → *Gattung* galt und in Versen oder Prosa das heitere, unschuldsvolle Landleben als idealen Zustand sehnsüchtig verherrlicht. Die I. verfährt also ähnlich wie die → *Elegie.* In Anlehnung an antike Vorbilder gewinnt die I. als → *Schäferpoesie* in der dt. Lit. des 17. Jh. an Bedeutung. Deren erstarrten Formen haucht Gessner im 18. Jh. wieder ein natürliches Leben ein. Schiller (»Über naive und sentimentalische Dichtung«) zählt die I. zur elegischen Gattung (→ *Elegie*): In ihr werde der verlorene Zustand als wirklich dargestellt, nicht als Gegenstand der Klage und Trauer wie in der Elegie. Die Dichtung des 19. Jh. hat eine Neigung zur I., da sie als der letzte Versuch bezeichnet werden kann, ein poetisches Reich gegen die aufkommenden Mächte der Industrialisierung und Technisierung zu bewahren (vor allem Mörike, Droste-Hülshoff, auch bei den Realisten idyllische Züge: Stifter, Keller und Raabe).

Imitation (von lat. imitatio = Nachahmung). Unter dem Gesetz der I. steht die gesamte europäische Lit. bis zum Realismus. Doppelte Bedeutung: a) I. der Natur und der Wirklichkeit, b) I. von lit. (künstlerischen) Vorbildern, die die Erfahrung und Auffassung der Wirklichkeit durch ihre Regeln und Muster festlegen (→ *Poetik*).

Der Begriff stammt aus der antiken Rhetorik und wurde dort in der zweiten Bedeutung verwandt. Fast die gesamte röm. Lit. ist in ihren Formen I. der griech., und neuerdings weiß man, daß auch die griech. Lit. in manchem kleinasiatischen Vorbildern gefolgt ist. So ist Vergils Vorbild Homer; Vergil (und Horaz) wird für Dante Vorbild. Der dt. → *Minnesang* und das → *höfische Epos* des Mittelalters folgen den in der frz. Dichtung ausgeprägten Mustern, wobei diese zweite Stufe vielfach ein höheres Maß an Differenzierung und Vergeistigung erlaubt. Die Humanisten (→*Humanismus*) des 16. und 17. Jh. haben bewußt die alten Regeln und Muster der I. ausgebildet. Eine einzige große I. ist die →*Rezeption* der Antike seit der →*Renaissance.* – Ohne Kenntnis der lit. Muster, der die Lit. durchherrschenden →*Topoi,* →*Motive,* rhetorischen Figuren und →*Metaphern* muß insbes. die →*Interpretation* älterer Texte scheitern, da sie das bekenntnishaft Eigene nicht abzuheben vermag. Vgl. auch →*Emblem.*

Impressionismus (von lat. impressio = Eindruck) taucht als Begriff zunächst für die frz. Freilichtmalerei nach 1860 auf (Monet, Renoir u. a.), wird dann aber auch für die Musik (Debussy, Delius u. a.) und Literatur angewandt. Kennzeichnend für alle impressionistische Kunst ist die Wiedergabe des augenblicklichen, oft zufällig erfahrenen sinnlichen Eindrucks, den der Künstler in seiner Begegnung mit der Welt hat.

In der Lit. setzt der I. um 1890 ein als Korrektur des →*Naturalismus.* Ohne anklägerischen Akzent sucht er die sensible Umsetzung der Eindrücke, Empfindungen, Stimmungen. Welt und Ich verschmelzen im schwebenden Augenblick, oft bis zum Selbstverlust des aufnehmenden Ichs. Der Glaube des Zeitalters an die Zuverlässigkeit der sinnlich wahrgenommenen Realität löst sich im kultivierten Genuß der Erscheinungen auf, die jedes Individuum auf seine unwiederholbare Weise erlebt und festhält. In der →*Lyrik* dienen Lautmalerei, →*Synästhesie,* ein differenzierter Gebrauch der Beiwörter der feinsten Empfindungs- und Stimmungsschattierung.

Der I. läßt sich kaum vom →*Symbolismus* und der →*Neuromantik* abheben. Auch die Naturalisten benutzen impressionistische Techniken bei der präzisen Wiedergabe des beobachteten Moments. Seine Ausgestaltung findet er in Italien bei d'Annunzio, in Frankreich bei den Brüdern Goncourt, Verlaine, Flaubert, Gide, Proust, in Dänemark bei Jacobsen und Bang, in der dt. Lit. bei Liliencron, P. Altenberg, Schnitzler, Dauthendey, Hofmannsthal, Rilke, Musil, St. Zweig u. a.

Innerer Monolog, bevorzugtes Erzählmittel moderner →*Prosa,* das sich im Gegensatz zur →*erlebten Rede* bei der Darstellung von unausgesprochenen Bewußtseinsinhalten der 1. Person und des Präsens bedient. Der i. M. läßt den Erzähler sozusagen verschwinden und erlaubt damit dem Leser eine unmittelbare Identifikation mit den Gedanken, Assoziationen und Vorstellungen einer sich auf diese Weise äußernden Person. (Vgl. auch →*Bewußtseinsstrom.*)

Interlinearversion (lat. inter = zwischen; linea = Zeile; versio = Wendung, Übersetzung), der erste Versuch, biblische und christliche Texte (meist Gebete) ins Ahd. zu übertragen. Dies geschah zuerst in den Klöstern nicht in Form einer Übersetzung, sondern indem über den lat. Text das jeweilige dt. Wort geschrieben wurde (→*Glosse*).

Interpretation (von lat. interpretatio = Auslegung, Deutung), im weiten Sinn die deutende Erklärung zu jedem Schriftstück; im engeren Sinn meint I. die methodische Untersuchung eines lit. Werks nach inhaltlichen, sprachlichen und formalen Gegebenheiten sowie der Intention des Autors. Aber auch die Zuordnung zu einer bestimmten lit. →*Gattung* und →*Epoche,* die Abklärung der historischen und gesellschaftlichen Umwelt von Autor und Text sowie schließlich die gegebene Rezeptionssituation (→*Rezeptionsforschung*) sind Kriterien einer umfassenden I.

Inversion (von lat. inversio = Umkehrung), Umstellung der gebräuchlichen Wortfolge im Satz, meistens der von Subjekt und Prädikat, mit dem Ziel, ein sinntragendes Wort an eine herausragende Stelle zu bringen und ihm so einen besonderen Nachdruck zu geben, z. B. »In seinen Armen das Kind war tot« (Goethe »Erlkönig«). Als stilistisches Mittel findet sich die I. vor allem in der →*Lyrik* und bewirkt oft den eigentlichen Reiz einer lyrischen Fügung.

Ironie (von griech. eironeia = Verstellung) besagt, daß das Gesagte nicht wörtlich gemeint ist, ja vielleicht gerade das Gegenteil bedeuten soll. In der Umgangssprache: »Das ist mir ein schönes Wetter!«, sagt man, wenn es regnet, und jeder versteht die I. Die I. wird, wenn sie nicht aus der Situation einsichtig ist, wesentlich auch durch den Tonfall vermittelt. Oft ist sie eine Form des feineren Spotts: das Verkehrte und Unechte wird um so stärker bloßgestellt, wenn man sich den Anschein gibt, man halte es für gut und wahr. Sokrates entwickelt im Gespräch (sichtbar vor allem in den platonischen Dialogen) seine »Sokratische I.«, indem er sich als ein scheinbar Nichtwissender (und Wissender, daß er nichts weiß) von scheinbar Wissenden (und in Wirklichkeit Nichtwissenden) »belehren« läßt, um sie dabei durch ironische Fragen in die Enge zu treiben und zu überführen. Die I. des Sokrates entsprang seiner eigenen Aporie (seinem Zweifel) und stand im Dienste der Wahrheit.

Bei den Romantikern (→*Romantik*) wird die I. die Grundlage der Kunstkritik. Tieck verstand unter I. das freie Spiel des Künstlers mit seinem Stoff, das »über dem Stück Stehen« (vgl. »Der gestiefelte Kater«, wo der Dichter selbst auftritt und das Publikum ins Stück mit einbezogen wird, die Distanz also aufgehoben und die Wirklichkeit des Stückes als Fiktion, als Spiel erwiesen, aber auch die Realität der ernsthaften Zuschauer ironisiert wird). – Das moderne antiillusionistische Theater, etwa bei Wilder oder Brecht, greift auf solche Mittel zurück; →*Episches Theater.*

Als Kunstmittel wird sie vor allem auch von den Skeptikern in der Lit. geschätzt. Th. Mann: »Der epische Kunstgeist ist der Geist der Ironie.« Denn sie »nimmt Abstand von den Dingen, ... schwebt darüber und lächelt auf sie herab, so sehr sie zugleich den Lauschenden oder Lesenden in sie verwickelt, in sie einspinnt«. Sie läßt durchblicken, daß das Geschilderte nicht der Kern der Dinge, vielmehr eine Einkleidungsform für das Eigentliche ist.

Eine tragisch-ironische Situation ergibt sich häufig im →*Drama;* dramaturgisch wird sie auch dadurch herbeigeführt, daß der Zuschauer »im Bilde« ist, die Figur auf der Bühne aber nicht. So befindet sich z. B. Wallenstein in einer ironischen Situation von tiefer →*Tragik,* als nach dem Abfall Octavios Buttler hereinkommt und er ihn – zum erstenmal – als wahren Freund begrüßt (»Wallensteins Tod« III, 8. und 9. Auftritt).

Jambus →*Versfüße, Seite 147*

Jugendstil →*Neuromantik, Seite 95*

Das Junge Deutschland, lit. Richtung und Gruppe um 1830–1850, die in bewußtem Gegensatz zu Goethe, zur Goethezeit und zur →*Romantik* die politische und soziale Wirklichkeit in die Dichtung einbeziehen will. Heine ist einer ihrer Wortführer. Er wirft der Goethezeit vor, sie habe »den Schein des Lebens, die Kunst, nicht das Leben selbst« im Blickpunkt gehabt, »jetzt gilt es die höchsten Interessen des Lebens selbst, die Revolution tritt in die Literatur«. Wenn man die Lit. des 19. Jh. unter dem Gesichtspunkt zusammenfaßt, daß sie noch einmal versuche, ein Reich des Geistes und der Poesie gegen die andrängenden neuen Mächte der Technisierung, Industrialisierung und Politisierung abzuschirmen (bei Mörike, Stifter, auch Raabe und sogar noch bei Keller ist diese Tendenz sichtbar), so tun die Dichter des J. D. gerade das Gegenteil. Die Lit. soll ein Mittel des Lebens und der Politik werden. Sie wird damit zur Publizistik (Entwicklung des →*Feuilletons*), sie wird eine »Littérature engagée« (→*engagierte Literatur*), kämpft für Demokratie und Pressefreiheit, gegen jegliche Unterdrückung. – Ein Vorkämpfer dieser Dichtung ist vor allem Börne (z. B. »Briefe aus Paris«). Zum engeren Kreis der Jungdeutschen gehören Heine, Gutzkow (vor allem mit seinem Roman »Wally, die Zweiflerin«, dessentwegen er zu Gefängnis verurteilt wurde), Wienbarg (»Ästhetische Feldzüge«), Laube (vor allem als Dramatiker) und Mundt. 1835 wurden durch Bundesratsbeschluß ihre Schriften und die weitere publizistische Tätigkeit unterdrückt.

Kadenz (von lat. cadere = fallen), Bezeichnung für die Form des Versschlusses in der dt. →*Metrik,* der i. a. vom →*Reim* her bestimmt wird; entweder einsilbig (stumpf, männlich), zweisilbig (klingend, weiblich) oder seltener auch dreisilbig (gleitend, reich).

Kalendergeschichte, kürzere, meist lehrhafte →*Erzählung.* Die K. sollte in früheren Zeiten der Erbauung (→*Erbauungsliteratur*) und Belehrung einer breiten, vor allem auch ländlichen Leserschaft dienen und hatte so eine damals nicht zu unterschätzende soziale Funktion, da andere Lit. nur von höheren Ständen (Adel, Geistliche, gebildetes Bürgertum) gelesen wurde. Neben Bibel und religiösen Traktaten war der Kalender, dem u. a. praktische Hinweise, Rezepte beigegeben waren, die einzige Lektüre, die in bäuerlichen Gegenden gelesen wurde. Die Bezeichnung »Kalender« in diesem Sinn ist zuerst für das Jahr 1470 nachgewiesen. In der Folgezeit wird dem Kalender außer Jahresdaten und astronomischen Angaben ein moralisch-belehrender Anhang beigegeben, der →*Schwänke,* →*Legenden* und zunächst sehr anspruchslose, später aber auch dichterisch gestaltete →*Erzählungen* enthält. Herausragende Beispiele sind: »Der ewigwährende Kalender« (1670), die Jahreskalender und der »Simplizianische Wunderkalender« von Grimmelshausen (1669–1673), Hebels »Rheinländischer Hausfreund« und die Kalender von Gotthelf.

Im 20. Jh. haben Graf (1929) und Brecht (1949) K. veröffentlicht. Bei Brecht ist die Bezeichnung K. allerdings eine Umkehrung der ursprünglich beabsichtigten Erbaulichkeit. In oft ironischer Form will allerdings auch Brecht im Sinne seiner gesellschaftlichen und emanzipatorischen Intentionen belehren. Die K. Brechts sind, verglichen mit anderen Prosatexten, einfacher, was das Verständnis anbelangt, so daß auch hier die Absicht der Wirkung auf ein breiteres Publikum nachzuweisen ist.

Kanzone (ital. canzone von lat. cantio = Gesang), romanische Gedichtform, bestehend aus mehreren längeren, gleichgebauten Strophen, die in sich wiederum streng gegliedert sind, mit bestimmter, allerdings variationsfähiger Reimbildung; formal in der Nähe der →*Stanze*. – Die K. wurde schon bei den provençalischen Troubadours verwendet, blieb nicht ohne Einfluß auf das dt. Minnelied (→*Minnesang*), fand ihre volle Ausbildung aber erst im 13. und 14. Jh. in Italien (Petrarca, Dante, Tasso). In Deutschland wurde sie in der →*Romantik* nachgebildet und gepflegt (Gebr. Schlegel, Rückert, Platen).

Katachrese (griech. katachresis = Mißbrauch), Gebrauch eines Wortes oder Ausdrucks in uneigentlicher Bedeutung: »Der Zahn der Zeit hat schon über vieles Gras wachsen lassen.« Eine Erweiterung davon ist das →*Oxymoron*.

Katalexe (von griech. katalegein = aufhören), in der antiken →*Metrik* das Abbrechen eines Verses vor der völligen Beendigung der metrischen Verszeile. (Vgl. →*Kadenz*, den dt. Versschluß betreffend.)

Die antike Metrik unterscheidet die folgenden Versschlüsse: katalektische, akatalektische und hyperkatalektische Verse.

Im katalektischen Vers bleibt der letzte Versfuß unvollständig; der →*Hexameter* z. B. ist ein k. Vers, da der letzte Fuß immer nur zweisilbig ist. Anderes Beispiel:

> ´ ˘ ´ ˘ ´ ˘ ´
> Rückwärts, rückwärts, stolzer Cid
> (Metrum ist der Trochäus; der letzte Fuß ist unvollständig.)

Der akatalektische Vers dagegen ist voll ausklingend:

> ´ ˘ ´ ˘ ´ ˘ ´ ˘
> Rückwärts, rückwärts, Don Rodrigo
> (Der Trochäus des letzten Fußes ist vollständig.)

Im hyperkatalektischen Vers ist eine Silbe überzählig:

> Der Morgen kam, es scheuten seine Schritte
> (5füßiger Jambus).

Vgl. → *Versfüße.*

Katharsis (griech. = Reinigung), Grundbegriff der aristotelischen → *Poetik* (Kap. 6), wo die Wirkung der → *Tragödie* als Erregung von Mitleid und Furcht und dadurch als Reinigung (Katharsis) bezeichnet wird. Die Interpretation dieses Satzes ist umstritten. Opitz verstand unter K. die Erziehung zu einer stoischen Haltung gegenüber dem Schicksal, Corneille die Reinigung der Leidenschaften im Zuschauer durch Mitleid oder Furcht. Dagegen wendet sich Lessing im 76. und den folgenden Stücken der Hamburgischen Dramaturgie: Mitleid mit dem Leiden des Helden und Furcht für uns selbst (»das auf uns selbst bezogene Mitleid«). Goethe bezieht die K. nicht auf die Zuschauer, sondern auf die Personen des Stückes und sieht in ihr eine »Ausgleichung« der Leidenschaften. Neuerdings wird die Aufmerksamkeit stärker von dem Begriff des Tragischen (→ *Tragik*) angezogen: Durch das tragische Geschehen wird die Seele von ihrer Ich-Bezogenheit gelöst und zur Einsicht in die große Ordnung der Dinge geleitet, die im Untergang des Helden wiederhergestellt (wenn er schuldig geworden ist) oder bewahrt (wenn er ohne Schuld ist) wird.

Kehrreim → *Refrain, Seite 108*

Kirchenlied, ein von der Gemeinde während des Gottesdienstes gesungenes, meist in der Volkssprache gehaltenes → *Lied.* Seine Motive kommen aus der Ordnung des Kirchenjahres, des Gottesdienstes, aus der Bibel und aus den Erfahrungen des christlichen Lebens. Es dient in erster Linie dem Gottesdienst und ist so primär nicht nach ästhetischen Maßstäben und Kriterien zu werten. Die ältesten Stücke der auf die lat. Hymnendichtung zurückgehenden K. finden sich in den sog. Murbacher Hymnen in dem von den Laien gesungenen »Kyrie eleison«. Die eigentlichen Vorformen des K. sind die sog. Leisen, die aus dem Kyriegesang der Laien herauswuchsen (»Leis« ist die Abkürzung von »Kyrie eleison«): z. B. der Osterleis (»Krist ist erstanden«).

Die Geburtsstunde des K., das von der Gemeinde in der Kirche zur eigenen Erbauung gesungen wird, ist die Reformation. Als sein Begründer ist Luther selber anzusehen, der mit seinen K. auch ästhetisch wertvolle Dichtungen hervorbringt. Seine lit. Vorbilder sind die Psalmen, andere liturgische Gesänge, die lat. Hymnen, aus dem Mittelalter stammende Festlieder, Kontrafakturen (geistliche Umdichtungen weltlicher Lieder: »Sie ist mir lieb, die werte Magd«, »Vom Himmel hoch, da komm ich her«, aus dem Lied »Ich komm aus fremden Landen her«). Durch die Lieder der reformierten Kirchen angeregt, erlebte auch das katholische K. in der Gegenreformation einen neuen Aufschwung, wobei nur selten theologische Gegensätze hervortreten.

Eine neue Hochblüte erlebt das K. im → *Barock.* Sein bedeutendster Dichter ist Paul Gerhardt. Das Fortleben der K. Paul Gerhardts ist oft auch an ihre Vertonung gebunden, vor allem die Joh. Seb. Bachs. In den Sammlungen von Friedrich v. Spee (»Trutznachtigall«) und Angelus Silesius stehen Verse, die zu K. werden konnten. Die K.-Dichtung des 18. Jh. beherrscht der → *Pietismus,* in dem das persönliche Bekenntnis stärker in den Vordergrund tritt. Auch Klopstock und vor allem Gellert sind mit einer Reihe von K. im evangelischen Gesangbuch vertreten. In der katholischen Kirche setzt sich im 18. Jh. die sog. deutsche Singmesse durch. Einen neuen Impuls gibt die → *Romantik,* z. B. die geistlichen Lieder von Novalis.

Klangmalerei → *Lautung, Seite 79*

Klassik (von lat. classicus = erstrangig, mustergültig), gemeinhin die Bezeichnung für die → *Epoche* der dt. Lit. von etwa 1786–1805, d. h. von Goethes Italienreise bis Schillers Tod.

Grundlegend ist K. jedoch ein Begriff, der bereits in der Antike die Bedeutung von »vorbildhaft« gewonnen hat. Darum bezeichnet man mit K. generell geistesgeschichtliche Epochen, die in der Aneignung und Auseinandersetzung mit der antiken Kultur einen hohen Grad an Reife und Ausgeglichenheit erlangt haben und damit für die eigene Geschichte »klassisch« geworden sind. Die Gestaltungsform der K. zeichnet sich durch bewußte Überwindung des bloß Subjektiv-Spontanen und den starken Anteil des Gesetzmäßigen an der künstlerischen Form aus. In ethischer Entschiedenheit greift die klassische Dichtung nach den »hohen« Stoffen. Der Wortschatz ist bewußt beschränkt und meidet die Alltagsausdrücke. Die K. hat Sinn für das Erhabene, Heroische, Tragische, aber auch das Furchtbare und Bedrohliche der menschlichen Existenz, jedoch immer mit dem Streben nach Überwindung der Gegensätze, Versöhnung des Tragischen in der gültig-dauernden, zeitlosen Gestalt. In Goethes »Hermann und Dorothea« zerstören chaotische, geschichtliche Geschehnisse das anfängliche Idyll, und doch findet sich am Ende auf höherer Stufe Friede und Harmonie wieder. Das Chaotische, Leidenschaftliche, wenn es schon zum dichterischen Thema wird, soll sich nicht in der → *Form* ausdrücken (wie im → *Sturm und Drang*), diese soll vielmehr die Distanzierung ermöglichen, die Freiheit für die Besinnung lassen und die Kraft des Gesetzmäßigen vergegenwärtigen (vgl. Goethes »Tasso«).

Die Perikleische K. ist das große Vorbild aller späteren K. (Athen, 2. Hälfte des 5. Jh. v. Chr.: griech. Tragödie, deren Klassiker vor allem Sophokles ist, Blüte der griech. Kunst, Phidias, Platons Dialoge, die Komödie des Aristophanes als Vorbilder für spätere Zeiten. Sternstunde der athenischen Demokratie und Blüte der Kunst). Die Augusteische K. lehnt sich bewußt an die griech. K. und Kultur an, Vergil mit seiner Äneis z. B. an Homer (obwohl dessen Zeit eigentlich nicht »klassisch« ist; vgl. → *Imitation*).

Die mhd. K. folgt nicht antiken, sondern frz. Vorbildern und wird für spätere Zeiten musterbildend durch ihre → *Epen,* die die Blüte der höfischen Kultur formen und nicht nur durch ihre Breite und Tiefe, sondern auch durch ihre Ideale der mâze und zuht »klassisch« sind (→ *Höfische Dichtung,* → *Höfisches Epos,* → *Minnesang*).

Die großen europäischen Nationallit. erleben eine nach der anderen ihre klassische Zeit seit der → *Renaissance,* zuletzt die dt., die wesentlich aus der Begegnung zwischen Goethe und Schiller erwächst, ihre Voraussetzungen in der Rationalität der → *Aufklärung,* der Seeleninnerlichkeit des → *Pietismus* und der irrationalen, weltoffenen Fülle des → *Sturm und Drang* hat. Das klassische Ideal der harmonisch ausgewogenen, in sich ruhenden, Gesetz und Freiheit versöhnenden Persönlichkeit wird nur an wenigen Stellen gestaltet (z. B. Goethes »Iphigenie« und die Nathalie im »Wilhelm Meister«). Auch Schillers »Maria Stuart« erreicht die höchste Stufe der Läuterung und inneren Freiheit. Goethe und Schiller haben sich auch theoretisch um die Formgesetze der Kunst bemüht. Goethes Italienerlebnis festigt das Griechenbild, das Winckelmann zu zeichnen begonnen hatte, indem er die klassische Schönheit (»edle Einfalt und stille Größe«) zum Maß für die Kunst überhaupt setzte, dabei freilich verkannte, daß dies bereits für die griech. K. selbst nicht zutraf. Für die dunkle, tragische Seite im Griechentum (Sophokles) hatte die Goethezeit noch kein Organ.

Die → *soziologische Literaturbetrachtung* und → *Rezeptionsforschung* kritisieren den Begriff des Klassischen und der K. als einen Weg in die Irrationalität, bisweilen sogar als einen Verrat am sozialen → *Engagement* des → *Sturm und Drang*. Der Klassiker, der selbst in seiner Jugend ein Stürmer und Dränger gewesen sei, flüchte sich in die Ästhetik und verliere die Verbindung zur Gesellschaft, da ihm Fragen der Form wichtiger seien als das gesellschaftliche Leben. Auch von der Ästhetik her bilde der Übergang zur geschlossenen Form und zur überhöhten Vorbildhaftigkeit eine negative, weil die Unmittelbarkeit hemmende Entwicklung. Freilich ist die klassische Idealisierung schon vielen Schriftstellern des 19. Jh. verdächtig gewesen (vgl. → *Das junge Deutschland*, → *Realismus*).

Klassizismus, Kunststil, der von einem klassischen, insbesondere antiken, Stil in Form oder Gestalt abhängig ist, also mehr normativ und nachahmend als schöpferisch vorgeht. Im engeren Sinn versteht man darunter die Epoche Ludwigs XIV., die jedoch für die frz. Lit.- und Kunstgeschichte selbst »klassisch«, d. h. vorbildlich geworden ist und auch auf das dt. Geistesleben im 18. Jh. (Gottsched) sich ausgewirkt hat. An diesem Beispiel wird die Problematik des Begriffs K. besonders deutlich. Den K. kennzeichnen Einfachheit in der Form, klare, fast prosaische Sprache, verstandesmäßige Beherrschtheit, unbezweifelte Gültigkeit der vorgegebenen Normen. Lessing bringt ihn durch das hohe Maß an Reflexion, das er für die richtige Erfassung der Gattungen einsetzt, in der dt. Lit. auf den Höhepunkt und bahnt zugleich seine Überwindung an durch die kritische Analyse der Aristoteles-Auffassung der Franzosen. – In der bildenden Kunst und Architektur (Schadow, Rauch, Schinkel, Klenze) bildet sich ein K. zugleich mit der Blüte der Klassik in der dt. Lit.

Klimax (griech. = Treppe, Leiter), rhetorische bzw. stilistische Figur, die durch eine sich stufenweise steigernde Reihung von Wörtern oder Sätzen zu einer Intensität der Aussage gelangt (oft mit dem → *Trikolon* Hand in Hand gehend).

Beispiel: Er hat das Vieh hinweg: Das Brot ist doch verblieben.
Er hat das Brot auch fort: Der Tod wird keinen Dieben.
Er hat dein Geld geraubt: Behalt nur du den Mut.
Er hat dich selbst verwundet: Die Tugend gibt kein Blut.
(Opitz »Trostgedicht in Widerwertigkeit des Krieges«)

Knittelvers bzw. Knüttelvers (frühnhd. Knüttel = das unordentlich Geknüpfte), beliebteste dt. Versart des 16. Jh., vierhebiger Jambus, paarweise gereimt, oft jedoch mit unregelmäßiger Füllung der Senkungen, so daß er holprig wirkt. Den K. verwenden vor allem Sachs, Fischart, Brant. – Später wird der K. von Goethe, Schiller, Hauptmann und anderen wieder aufgenommen, um eine volkstümliche oder aber auch parodistische Wirkung zu erzielen. In der modernen Lit. häufig bei schwankhaften Gedichten und Balladen. (→ *Versfüße*)

Kolon (griech. = Glied), rhythmische Untergliederung des Verses oder des Prosasatzes, die ein oder mehrere Worte umfaßt und sich durch eine Atempause oder einen Sprecheinschnitt abhebt. In der → *Prosa* stellt das K. zugleich die kleinste Sinneinheit dar, im Vers ist es durch den herrschenden Rhythmus bestimmt. In kürzeren Versen kann das K. mit der Zeile zusammenfallen.

Das Komische. Außer durch die dem Menschen angeborene Neigung, die Schwächen des andern zu verspotten und den Verspotteten auf der Bühne dem lachenden Mitmenschen vorzuführen (das kann sich gegen eine einzelne Person oder auch gegen einen Typ richten, → *Komödie*, → *Farce*), ist das K., das Lachen und Lachenmachen, auch vom Religiös-Kultischen her legitimiert. Auf allen frühen Stufen der religiösen Kultur sind die rituellen Vorgänge bei den Festen der Fruchtbarkeitsgötter mit komischen, ja geradezu ausgelassenen und obszönen Späßen verbunden. Das widerfährt sogar dem Dionysos an seinen Festen. Schon bei Homer lachen die Götter, und aus Homers Demeter-Hymnus lernen wir sogar die heilende Kraft des Lachens kennen: Demeter wird durch die Späße ihrer Magd Jambe vom Schmerz um den Verlust ihrer Tochter abgebracht. Mit Jambe sind wir aber bei der Verwandtschaft der Jambenpoesie mit dem K. (in der frühen griech. Lyrik bedeutet »jambizein« = jemanden verspotten; es bezeichnet also die persönliche Satire). Sogar in dem ernsten Sparta hat man schon zur Zeit Lykurgs den Gelos, den Gott des Lachens, verehrt. Das Ernste ist nach Platon (in seinen »Gesetzen«) nur auf dem Hintergrund des Lächerlichen zu verstehen, so daß nicht nur das Heitere, Gelassene zum tiefsten philosophischen Verständnis des Lebens und der Welt führt, sondern daß wir gerade auch durch die Existenz des K. – in der menschlichen Haltung selbst und durch die Verspottung im Spiel – einen Weg zum Verständnis des »theatrum mundi« und zur Meisterung des Lebens finden können. Im K. findet auch das vom Menschen gefühlte Mißverhältnis zwischen Schein und Sein des Lebens seinen Ausdruck.

Kommunikation (von lat. communicatio =Mitteilung), sehr umfassender Begriff, hier im linguistischen Sinn gebraucht als Austausch einer Mitteilung zwischen zwei oder mehreren Partnern mit Hilfe der Sprache. Demnach besitzt auch jede Art von Lit. kommunikativen Charakter, da ein Sender (Schriftsteller) Gedanken mittels eines Systems von Zeichen (Sprache) zu einer Mitteilung (Text) umsetzt, die an einen Empfänger (Leser) gerichtet ist, der sie aufnehmen, verstehen und verarbeiten soll. So gesehen ist Lit. nicht mehr lediglich unter dem objektiven Aspekt ihres Vorhandenseins einzustufen, sondern unter dem des Zwecks, d. h. der bestimmten Intention des jeweiligen Autors. – Jedoch erst durch eine Erweiterung der o. a. Grundvoraussetzungen für K. mit Hilfe weiterer konstituierender Faktoren läßt sich ein umfassendes lit. K.-Modell erstellen, das sich nach Ulshöfer als ein soziologisches Bezugssystem zwischen Autor, Werk, Vermittler (Verlage), Rezipient (Leser, Kritiker, Interpret), Staat (Verfassung, Gesetze) und Gesellschaft (Gesellschaftsbewußtsein, gesellschaftliche Gruppierungen) ausweist und aus dem vielfältige Wechselwirkungen zwischen den einzelnen Faktoren leicht abzuleiten sind.

Komödie (von griech. komoidia = Singen einer fröhlich umherziehenden, lärmenden Schar), dramatische Gestaltung eines Geschehens, in dem Personen durch menschliche Schwächen in einen Konflikt geraten, der jedoch glücklich gelöst werden kann. – Die K. ist aus dem Urtrieb des Menschen entstanden, die Schwächen des Mitmenschen bloßzustellen, sie lächerlich zu machen oder sie zu brandmarken. Die K. im höchsten Sinne ist geboren aus einer über die Dinge des menschlichen Lebens erhabenen, bisweilen auch skeptischen Schau. So meint es wohl auch Schiller: »Ihr Ziel ist einerlei mit dem Höchsten, wonach der Mensch zu ringen hat, frei von Leidenschaft zu sein, immer klar, immer ruhig um sich und in sich zu schauen, überall mehr Zufall als Schicksal zu finden und mehr über Ungereimtheit zu lachen als über Bosheit zu zürnen oder zu weinen.«

Schillers Bestimmung umfaßt auch das Lustspiel, das man von der K. zu unterscheiden versucht hat: Aus der Haltung des Humors hervorgegangen, zielt es nicht auf das spöttische Lachen über lächerliche Unzulänglichkeit, sondern auf das reine Lachen aus dem Wissen über die Bedingtheit des menschlichen Wesens. Im konkreten Stück gehen meist Elemente des Komischen und des Humors ineinander über.

Die griech. K. geht, ebenso wie die → *Tragödie,* aus kultischen Liedern zu Ehren des Dionysos hervor und findet in Aristophanes ihre klassische Ausprägung. Sie blüht aus dem Geiste demokratischer Freiheit und geht oft derb und scharf mit den öffentlichen Verhältnissen ins Gericht. Nach dem politischen Niedergang Athens wendet sich die K. Menanders der privaten Sphäre zu, zeichnet einzelmenschliche Schicksale, wobei sie auch schon feste Typen (der geizige Alte, der schlaue Sklave) einführt, wie sie später in der Charakter-K. Molières wiederkehren. Die Römer imitieren diese Art der K. und formen sie in ihrem Geiste um (Plautus, Terenz). Das Mittelalter kennt die Terenz-Bearbeitungen der Nonne Roswitha von Gandersheim, Volkspossen und Schwänke (Hans Sachs). In Italien entwickelt sich die commedia dell'arte, zunächst in Form von Stegreifspielen mit festen Typen (Truffaldino, Pantalone, Arlecchino, Colombine), die von Goldoni literaturfähig gemacht werden. Auch in Deutschland gibt es neben dem als lit. zu wertenden Fastnachtsspiel (Hans Sachs) eine Volkskomödie ohne festen Text (noch bei Gryphius »Horribilicribrifax« und »Peter Squenz«, reine Posse mit derben Späßen, doch ist hier der Text festgelegt). Charakter-K. von Molière in Frankreich und Situations-(meist Intrigen-) Lustspiel des Lope de Vega in Spanien, in England die K. Shakespeares. In Deutschland am Übergang von → *Barock* und → *Aufklärung* die geistreichen K. des Christian Reuter (»Frau Schlampampe«). – Vgl. → *Farce.*

Gottsched hat das improvisierende Lustspiel verbannt und damit auch das eigentliche Volkstheater, das nur in Wien erhalten bleibt (→ *Dialektdichtung*); der Weg zum lit. Lustspiel ist frei, z. B. zu Gellerts Lustspielen, die sich an die comédie larmoyante (= weinerliche oder rührselige Komödie) der Franzosen anlehnen. Höhepunkt des dt. lit. Lustspiels ist

»Minna von Barnhelm« von Lessing, mit seiner feinen Charakterisierung der Personen, einem ans Tragische grenzenden Konflikt und seiner großen dramatischen Kunst. Daneben ragen in der dt. Lit. noch Kleists »Zerbrochener Krug« und Hofmannsthals »Der Schwierige«, in dem sich in melancholischer Ironie die untergehende Gesellschaft des alten humanen Österreich spiegelt, hervor. Bei den Romantikern (→*Romantik*) findet sich das Lustspiel z. T. in satirisch-grotesker Ausgestaltung: Tiecks »Gestiefelter Kater« mit seiner antiillusionistischen, satirischen Rahmenhandlung und später Grabbes »Scherz, Satire, Ironie und tiefere Bedeutung« mit grotesk-komischen Situationen. Büchner schreibt in »Leonce und Lena« die K. der Langeweile und wirkt wie ein Vorläufer von Becketts »Warten auf Godot«. Diese Höhen hat das dt. Lustspiel trotz Hauptmanns »Biberpelz« und »Schluck und Jau«, Ernsts Regenerationsversuch der commedia dell'arte in »Pantalon und seine Söhne« und den Stücken Zuckmayers nicht wieder erreicht.

Komposition (von lat. componere = zusammensetzen), aus der Musik übernommener Begriff, der in der Dichtung den formalen Aufbau des Ganzen nach bestimmten Ordnungsmomenten, wie Einheitlichkeit, Gegensätzlichkeit, Steigerung, Kontrast, bezeichnet. K. meint mehr als den bloß äußeren, architektonischen Aufbau, etwa aus →*Strophen,* →*Akten,* Kapiteln.

Konflikt (von lat. conflictus = Zusammenstoß), die äußere Auseinandersetzung zwischen zwei Personen bzw. Parteien, öfter jedoch der innere Wertkonflikt zwischen zwei einander ausschließenden Werten in einer Person: Liebe und Pflicht (»Jungfrau von Orleans«), Liebe und Ehre (»Minna von Barnhelm«), Selbstbestimmung und Gehorsam. In der →*Tragödie* wird der Wertekonflikt bis zur letzten Konsequenz ausgetragen und endet mit dem Untergang oder Opfer des Helden.

Konkrete Poesie (von lat. concretus = verdichtet), moderne Strömung der →*Lyrik,* welche die Sprache radikal auf ihre elementaren Bestandteile (Buchstaben, Laute, Silben, Wörter) reduziert und diese als konkretes Material verwendet. Dabei werden sie jedoch ihrer gewohnten Einbettung in einen Sinnzusammenhang entzogen und stattdessen nach typographischen Aspekten neu kombiniert. – In der dt. Lit. lassen sich Vorstufen bei Holz, Morgenstern und Dadaisten

(→*Dadaismus*) wie Arp und Schwitters erkennen. Maßgebliche Vertreter der K. P.: Artmann, Gomringer, Heissenbüttel, Jandl und Mon.

Beispiel: schweigen schweigen schweigen
schweigen schweigen schweigen
schweigen schweigen
schweigen schweigen schweigen
schweigen schweigen schweigen
(E. Gomringer)

Kontext (von lat. contextus = Verknüpfung), der ein Wort, einen Ausdruck, einen Satz oder einen Textteil umgebende Text, durch den die Bedeutung erst klar wird. Der Satz »Ich gehe jetzt« kann, für sich gesehen, vieles bedeuten. Er kann im K. eine normale alltägliche Aussage sein oder auch der endgültige Abschied zweier Menschen.

Kothurn (griech. kothornos), Stiefel mit vielfach übereinandergelegten Korksohlen für Schauspieler der antiken →*Tragödie;* der K. diente dazu, dem Publikum in dem sehr großräumig angelegten Freilichttheater die Schauspieler besser erkennen zu lassen, gleichzeitig aber auch zur Steigerung der von ihnen dargestellten Figuren ins Monumentale.

Kreuzreim →*Reim, Seite 108*

Kunstlied →*Lied, Seite 80*

Kurzgeschichte (Lehnübersetzung von engl. →*short story*), moderne epische Prosa-Kurzform, die, knapp und sozusagen als gestochen scharfe Momentaufnahme, einen krisenhaften Ausschnitt aus dem Leben eines oder mehrerer Menschen aufzeigt, eine Grenzsituation also, die den →*Protagonisten* zu einer Entscheidung zwingt, die ihrerseits wiederum sein bisheriges Dasein grundlegend ändert, ja, zu einem schicksalhaften Bruch in seinem Leben führen kann. – Stoff, Motive und Personen der K. sind dem Alltagsleben entnommen. Da die handelnden Personen jedoch nicht als Individuen gezeichnet sind, zeigt die K. allgemeingültige menschliche Verhaltensweisen auf (Identifikationsaspekt).

Wegen der Vielfalt der Ausgestaltung, die die K. erfahren hat, seitdem sie nach 1920 langsam zu einer auch für die dt. Lit. des 20. Jh. typischen und eigenständigen Gattung wurde, erlaubt ihr Wesen keine zu enge Festlegung. Doch bedingt die knappe Form einige für nahezu alle K.

weitere Charakteristika: unmittelbarer Einstieg in das Geschehen, der medias in res geht und schlagartig eine bestimmte Situation aufreißt; lineare, zielstrebige Struktur, die alles Unwesentliche ausspart; unerwarteter, offener (oft pointierter) Schluß, der dem Leser viele Deutungsmöglichkeiten läßt; Alltagssprache mit einfachem Satzbau; häufiger, leitmotivartiger Gebrauch von Symbolen; Doppelbödigkeit zentraler Aussagen.

Bedeutende Vertreter der dt. K. sind u. a. Bichsel, Bender, Böll, Borchert, Eich, Langgässer, Lenz und Schnurre.

Langzeile, der Vers des germ. → *Heldenliedes.* Seine akzentuierende → *Metrik* steht im Gegensatz zur quantitierenden der antiken Versmaße und ist der germ. Sprache gemäß: die Betonung richtet sich nach den Wortakzenten, die bei den germ. Wörtern auf dem Stamm bzw. der Anfangssilbe liegen.

Die L. teilt sich in zwei Kurzzeilen; jede Kurzzeile ist in zwei Vierviertel- oder Lang-Takte gegliedert:

Der Vergleich mit dem 4/4-Takt erhellt das Prinzip am besten. Die Silbenzahl ist völlig frei, Minimum sind zwei Silben, Maximum theoretisch nach oben nicht begrenzt:Füllungsfreiheit des germ. Verses. Starke Betonung der zwei Silben, die den Hauptton tragen. Weitere Bindung durch die Alliteration, den Stabreim. Wörter mit dem gleichen konsonantischen Anklang werden aneinander gebunden und »staben«, ebenso alle Vokale, ohne Rücksicht auf ihren Klang:

ibu du mir / **é**nan sàges // ik mir de / **ó**dre /uuet.
Wenn du mir einen einzigen nennst, kenne ich auch die andern.
(Hildebrandslied V. 12.)

Stabreim ist stets mit den Haupthebungen verbunden. Feste Ordnung im Abvers (2. Kurzzeile): 1. Hebung der 2. Kurzzeile trägt stets den Stabreim, 2. Hebung der 2. Kurzzeile nie (»odre« stabt, »uuet« nicht). Abweichungen von dieser Regel sind selten. In der 1. Kurzzeile können beide Hebungen den Stabreim tragen, häufiger trägt ihn die erste.

Der Rhythmus der L. ist getragen und dem feierlichen Pathos des Preisliedes und des Heldenliedes angemessen.

Beispiele für die Verwendung der L.: Lieder der Edda, Hildebrandslied, Muspilli, Wessobrunner Gebet, Heliand: oft Zeilensprung (→*Enjambement*), im Heliand zum Stilmittel geworden wegen seiner Häufigkeit. (→*Hakenstil*)

Abgewandelt findet sich die L. auch noch im frühen →*Minnesang* und im Nibelungenlied (→*Nibelungenstrophe*).

L'art pour l'art (frz. = Kunst um der Kunst willen), eine im 19. Jh. in Frankreich (→*Symbolismus*) geprägte Formel für die Überzeugung, daß die Kunst keinerlei Aufgaben hat, die außerhalb ihrer selbst liegen. Lit. soll völlig frei sein von politischen, gesellschaftlichen oder religiösen Bezügen, nur dem Ideal des Schönen dienen und vom Leser als »poésie pure« interesselos ästhetisch genossen werden. (Horaz: delectare) – Um diesen Vorstellungen gerecht zu werden, soll sich der Dichter bewußt von allen Realitäten des Lebens isolieren, seine geistige Heimat in einem Elfenbeinturm (allegorisches Schlagwort) suchen und sich dort nur seinem künstlerischen Schaffen widmen. – Gegensatz: →*engagierte Literatur.* Wenn auch mit jeweils anderen Formulierungen, so zieht sich die Kontroverse zwischen »l'art pour l'art« und »littérature engagée« durch die gesamte europ. Lit. und wird auch heute noch von Schriftstellern immer wieder aufgegriffen.

Lautsymbolik →*Lautung, Seite 79*

Lautung, in der Gebrauchssprache bloßes Medium für die sprachlich zu vermittelnden Bedeutungen, wenngleich auch hier schon der Lautcharakter selbst den Bedeutungswert mitbestimmen kann. In der Dichtung, vor allem im Vers, gewinnt die Lautschicht selbständigen Wert neben den Wortbedeutungen, Motiven, syntaktischen Ordnungen usw. Es ist ein altes sprachphilosophisches Problem, in welchem Bezug das tönende Medium der Sprache zu der bedeuteten Wirklichkeit steht. Klangmalende (onomatopoetische) Momente sind gewiß an der Gründung der Sprache beteiligt, wie sie auch heute noch gebraucht werden (»knattern«, »rauschen«, »blitzen«, »muhen«, »Kuckuck«). Diese Worte ahmen ungefähr den Ton oder Bewegungscharakter des Gemeinten nach. Auf Grund der Nachahmungspoetik (→*Poetik*) spielt die Klangmalerei bes. in der

Barockdichtung eine Rolle (Harsdörffer, Klaj). Bekannt dafür sind auch Bürgers »Lenore«, Schillers »Taucher«, Goethes »Totentanz«.

Der klangmalerisch erfaßbare Teil des Wirklichen ist jedoch beschränkt. Schöpferischer ist die Lautsymbolik: Den Lautcharakteren wohnen gewisse gestische, ausdruckshafte Werte inne, die sie zur Bezeichnung analoger Erscheinungen geeignet machen. So dient z. B. in vielen Sprachen »i« zur Bezeichnung von Kleinem, rasch Bewegtem, Winzigem, Zierlichem, Anmutigem.

Legende (von lat. legenda = zu lesende Stücke), urspr. die Darstellung von Heiligenleben zum Vorlesen in Kirche und Kloster; lit. eine epische Kurzform, die in volkstümlicher Weise aus dem Leben Jesu, der Apostel, Märtyrer oder Heiligen erzählt. Die L. soll zeigen, wie Gottes Kraft in wunderbarer Weise in das angefochtene, doch unerschütterlich im Glauben beharrende Dasein des Heiligen eintritt, und den gläubigen Zuhörern die letzte Überlegenheit des Göttlichen gegenüber allen Angriffen aus der Tiefe bestätigen.

Lehnwort, aus einer fremden Sprache und zwar schon auf früherer Stufe übernommenes Wort, das die Wandlungen unserer Sprache mitgemacht hat. Unsere L. stammen meist aus dem Lat. (aus der Zeit der Römerherrschaft in Germanien, wobei die röm. Soldaten z. T. auch die Gegenstände mit den Bezeichnungen eingeführt haben). Beisp.: palatium = Pfalz; tegula = Ziegel; cellarium = Zelle und Keller; fenestra = Fenster.

Lehrdichtung, Dichtung, die einen lehrhaften Zweck verfolgt und in künstlerischer Form Wissen bzw. objektive oder subjektive Einsichten vermitteln will. Die L. besitzt eine bis in die Antike zurückreichende Tradition, hat aber auch noch im 20. Jh. ihren Stellenwert und z. B. durch Brechts Lehrstücke eine besondere Ausprägung erfahren.

Leich → *Lied, Seite 80*

Leis → *Kirchenlied, Seite 69*

Leitmotiv → *Motiv, Seite 89*

Lied, sangbare Formen des → *Lyrischen,* auch dann noch L. genannt, wenn ursprünglich keine Weise dazu gehört hat (etwa »Abendlied« von

Paul Gerhardt, »Liebeslied« von R. M. Rilke, »Nachtlied« von F. Hebbel usw.), nur bisweilen durch den → *Refrain* der sangbaren Form verwandt und so vielleicht auch zur Vertonung reizend. – In der mhd. Lyrik ist die vorherrschende Form »daz liet«: Verbindung von Wort und Weise, ein dreiteiliges »Gesätze«, eine Art dreiteiliger Strophe. Eine Reihe solcher Strophen, die wir jetzt ein L. nennen würden, wird schon als »diu liet« bezeichnet (vgl. → *Spruch*). Jede Strophe beginnt mit zwei gleichen Teilen, dem Aufgesang (»Stollen« bei den Meistersingern); der dritte Teil ist der Abgesang. Ein L., das nur aus einer selbständigen Strophe bestand, hieß ein → *Spruch*. Gedichte größeren Umfangs sind die »Leiche«, meist aus mehreren zweiteiligen Strophen bestehend und mit künstlicherer Reimbindung als das einfache L. Auch sie haben stark musikalischen Charakter (»Leich« heißt auch »Spiel« oder »gespielte Melodie«); oft sind sie religiösen Inhalts, stammt ihre Form doch vermutlich aus dem alten lat. Kirchengesang. Doch gibt es auch viele »Tanzleiche«. Innerhalb der Form »zwei Stollen und Abgesang« sind breite Variationen in → *Metrum*, Reimbindung (→ *Reim*) und Melodie möglich. Auch bei den Meistersingern findet sich eine Vielzahl von L. (vgl. die Satire Wagners in den »Meistersingern«). – Vgl. → *Minnesang*.

Spätere Formen sind die sangbaren → *Kirchenl.* in der Reformation und im → *Barock*, die für den Gottesdienst gedichtet werden. Die romantische Lyrik kommt auf selbständigem Weg zur Musik, so daß aus der Dichtung in kunstvoller Vertonung das Kunstl. entsteht (Eichendorff-Schumann, Goethe-Schubert, Mörike-Wolf). Vgl. → *Volkslied*.

Literatursoziologie (von lat. literatura = Buchstabenschrift; socius = der mit einer Gemeinschaft Verbundene; griech. logos = Rede, Wort, Kunde), lit.wissenschaftliche Richtung, die das Bezugsgeflecht zwischen Lit. und Gesellschaft zu analysieren sucht.

Jede Art von Lit. hat ihre Beziehungen zur gesellschaftlichen Umwelt und ist deren Bedingungen unterworfen. Der Autor ist ein Mitglied der jeweiligen Gesellschaft und auf sein Publikum, das ebenso dieser Gesellschaft angehört, angewiesen. – Über das gesellschaftliche Umfeld hinaus entwickelt sich der Autor als Individuum. Biographie, Erlebnisse, die psychologische Situation des Autors und des Publikums wirken über die gesellschaftliche Gebundenheit hinaus und bestimmen den jeweiligen individuellen Standpunkt des Autors und des einzelnen Lesers. Aber auch ästhetische Kriterien und Wertmaßstäbe können von der gesellschaftlichen Umwelt abhängig sein, wie auch bestimmte Formen und Gattungen sich aufgrund gesellschaftlicher Erscheinungen bilden können. Ästhetische Kriterien werden auf diese Weise relativiert und dem jeweiligen gesellschaftsgeschichtlichen Standpunkt zugeordnet.

Die Ls. hat bestimmte lit. Epochen und bestimmte Autoren neu charakterisiert. Sie geht dabei nicht nur beschreibend, sondern auch wertend vor, und zwar oft vom Standpunkt der Gegenwart aus (→*Rezeptionsforschung*). Sie stellt die emanzipatorischen Züge im sozialen Bereich stärker heraus, als es die bisherigen Formen der →*Interpretation* und →*Hermeneutik* getan haben. So erscheinen vor allem die Epochen der →*Aufklärung,* des →*Sturm und Drang,* des →*Jungen Deutschland* oder auch des →*Naturalismus* in einem neuen Licht. Auch beim einzelnen lit. Werk gibt es unter Umständen ganz neue Aspekte der Interpretation. So ist z. B. Gretchen in Goethes »Faust« nicht nur die Liebende, die Faust »hinanzieht«, die schuldlos Schuldige, die Gerettete und Rettende im theologischen Sinn, sondern auch das arme Mädchen aus der sozialen Unterschicht, das an den verhärteten Ordnungen von Staat, Kirche und bürgerlicher Gesellschaft zerbricht.

Litotes (griech. = Schlichtheit), rhetorisches Mittel, eine Form des »uneigentlichen Sprechens«, d. h. unter dem Gesagten soll noch etwas anderes ausgesagt werden, als durch die Sprachform an sich ausgedrückt ist. Bei der L. wird eine positive Behauptung durch ihr verneintes Gegenteil ausgedrückt, wodurch meist eine Verstärkung erreicht wird: »Wir haben nicht wenig gearbeitet« = wir haben viel gearbeitet; das lat. »non ignorare« = nicht nicht kennen = gut kennen, nicht nur »kennen«.

Littérature engagée →*engagierte Lit., Seite 39*

Lustspiel →*Komödie, Seite 74*

Lyrik/Das Lyrische (von griech. lyrikos = zum Spiel der Leier gehörig), neben →*Epik* und →*Drama* die dritte und subjektivste Grundform dichterischer Gestaltungsmöglichkeiten (→*Gattung*). – Während gemeinhin L. lediglich ein Sammelbegriff für in →*gebundener Rede* abgefaßte Gedichte, Lieder und Sprüche ist, bezeichnet das L. den Wesenszug der Stimmung und Musikalität, an dem eine Dichtung, unabhängig von ihrer Gattungszugehörigkeit, mehr oder weniger Anteil haben kann.

(Der o. a. etymologische Hinweis verdeutlicht die enge Bindung des L. an die Musik.) Das L. bedeutet unmittelbare Kundgabe der Selbstaussage eines Dichters, der seinen Gefühlen, Vorstellungen und Gedanken einen monologischen Ausdruck verleiht. Das lyrische Ich steht dabei stellvertretend für die menschliche Subjektivität schlechthin, so daß sich der Leser, ohne es zu wissen, mit den in einem lyrischen Gedicht enthaltenen Empfindungen identifiziert und lyrische Verse so vor sich hin spricht, als kämen sie aus seiner eigenen Vorstellungswelt.

Den innersten Bereich des L. erreicht das gefühlsunmittelbare subjektive Erlebnisgedicht. Im Zusammenspiel von Bild, Laut, Klang und Rhythmus (nicht unbedingt auch Vers und Reim) gelangt eine seelische Stimmungslage zu dichterischem Ausdruck. Vor allem Liebes- und Naturgedichte zählen zur Erlebnislyrik. Die Natur wird dabei zur Seelenlandschaft, denn nicht die Natur selbst wird für den Leser anschaulich, sondern die Stimmung des lyrischen Ichs, die sich in der rhythmisch-melodischen Bewegung der Verse spiegelt.

Die weitaus meisten lyrischen Gedichte sind allerdings nicht die Wiedergabe tatsächlich erlebter Stimmungen, sondern aus ihnen spricht ein fiktives lyrisches Ich. – Ein gelungenes Gedicht entsteht immer dort, wo ein genuiner und dynamischer Zusammenhang zwischen Form und Inhalt besteht, unabhängig von der Allgemeingültigkeit der Aussage. Bestimmte Inhalte lassen sich nicht mit jeder beliebigen Form verbinden. Wo das L. sich zu stark ins Subjektive wendet, verliert es an Aussagekraft (z. B. bei manchen Expressionisten). Trotzdem kann ein lyrisches Gedicht für den einzelnen Menschen der adäquate Ausdruck seiner inneren Situation und Empfindungen sein.

Die moderne L. zeigt die Neigung zur Restriktion, zur Beschränkung der Aussage, zum nominalen Stil, zur Assoziation, zur →*Chiffre* (→*Bild,* →*Metapher*), zur Aussparung. Überdies hat die politische L. (→*Politische Literatur*) in unserer Zeit an Bedeutung gewonnen.

Verschiedene Formen der L.: →*Ballade,* →*Elegie,* →*Gelegenheitsdichtung,* →*Ghasel,* →*Hymne,* →*Kanzone,* →*Kirchenlied,* →*Madrigal,* →*Minnesang,* →*Ode,* →*Romanze,* →*Rondel,* →*Schäferpoesie,* →*Sonett,* →*Spruch,* →*Stanze,* →*Tagelied,* →*Triolett,* →*Vagantendichtung,* →*Volkslied.*

Formelemente der L.: bildliche Sprache (→*Bild*, →*Vergleich*, →*Metapher*, →*Symbol*, →*Emblem*, →*Chiffre*); Klanggestaltung (→*Lautung*, Lautsymbolik, Satzmelodie, →*Reim*); Rhythmus (→*Versfuß*); Strophenform (→*Strophe*).

Madrigal (von ital. madriale = Hirtenlied), urspr. volkstümliche ital. Liedform; später Kunstlied in unregelmäßigen Versen ohne Gliederung in →*Strophen* oder auch ein kleines Gedicht in Elfsilblern, hier auch z. T. in strophischer Gliederung (2–3 Terzette mit abschließendem Reimpaar). Von M.versen spricht man auch bei freierer Versfolge, die aber doch noch durch →*Metrum* und →*Reim* gebunden ist. Seit dem 16. Jh. findet sich das M. auch in der dt. Dichtung; besonders beliebt in der →*Anakreontik*, →*Klassik* und →*Romantik*.

Märchen (Verkleinerungsform zu Mär = Kunde, Nachricht, Gerücht), kürzere phantasievoll ausgeschmückte, sprachlich jedoch einfache Prosaform der →*Epik*, die »uns unmögliche Begebenheiten unter möglichen oder unmöglichen Bedingungen darstellt« (Goethe). Die Naturgesetze scheinen aufgehoben zu sein, und auf wundersame Weise waltet über dem Geschehen eine ausgleichende Gerechtigkeit, die zu einem befriedigenden Schluß des M. führt.

Als anonymes Volksm. schon aus vorlit. Zeit in vielen europ. und außereurop. Lit. überliefert. Umwandlungen und Wanderungen der Märchenmotive, z. B. der junge Held, der, göttlichen Ursprungs, von einem Zwerg aufgezogen wird, den Wald verläßt und seine Bestimmung erfüllt (Siegfried). Bestimmte →*Motive* kehren immer wieder, z. B., daß ein Schuh nur einer bestimmten Person paßt. Der M.held ist eins mit seiner Welt, die er doch nicht überschaut. Diesseits und Jenseits gehen ineinander über. Die Bedrohungen und außerordentlichen Aufgaben, die seine Kräfte übersteigen, werden im Vertrauen auf die Richtigkeit des Daseins, von guten Mächten unterstützt, gewendet und gelöst. Dabei erwirbt der M.held das beste Gut seines Lebens und kommt zur Lebenserfüllung. Er ist der unbewußt gute Mensch, der die Prüfungen besteht, indem er an seiner Natur festhält. Das M. erzählt flächenhaft mit entschiedenem, geradem Handlungsverlauf. Alles Innerliche ist in Handlung und äußere Erscheinung verlegt. Die Figuren sind nur durch ihren Namen individualisiert, der magische Bedeutung (Rumpelstilzchen) haben kann. Die Dinge handeln mit, sie sind dem Menschen noch urtümlich nahe.

Die neuere Forschung anerkennt wieder stärker die romantische Auffassung von der Kollektivschöpfung des M. Erst indem ein M.stoff wieder und wieder erzählt wird, wird allmählich von den vielen beteiligten Erzählern seine bedeutsame, gültige Gestalt herausgeschliffen. Dennoch ist das M. eine künstlerische Gattung mit eigenen Bauprinzipien: »Kontrast (groß und klein, hoch und niedrig, männlich und weiblich, mächtig und armselig, glänzend und schmutzig oder unscheinbar, schwarz und weiß, treu und falsch, klug und dumm, gut und böse, Mensch und Tier ...), Wiederholung, Abwechslung, Steigerung, Erwartung, Erfüllung.« (Lüthi)

Das Volks-M., anonym und mündlich überliefert, wird aus innerer Sympathie eigentlich erst von den Romantikern entdeckt, nachdem bereits Musäus 1782 eine erste, stark stilisierte Sammlung angelegt hatte. Die Brüder Grimm zeichnen mündlich Überliefertes in ihren »Kinder- und Hausmärchen« auf und leisten damit Entscheidendes für das dt. M.

Gegen Ende des 18. Jh., vor allem aber in der → *Romantik,* entsteht das sog. Kunst-M., d. h. einzelne Dichter ahmen den schlichten, volkstümlichen Ton nach, doch schaffen sie eine künstlerische Form des M., der das naive Weltbewußtsein des Volks-M. letztlich fehlt und die auch eine spürbare stilistische Verfeinerung zeigt, z. B. in der Verwendung der Adjektive. Goethe, von Arnim, Tieck, Fouqué, Novalis, Brentano, später dann der Däne Andersen, Mörike, Keller, Storm, Hauptmann, Wiechert u. a. zählen zu den Meistern des Kunst-M.

Marinismus, Bezeichnung für schwülstigen Stil der ital. Barockdichtung, der auch von der Dichtung des dt. → *Barock* übernommen wurde. M. geht zurück auf den neapolitanischen Barockdichter Marino, der den → *Stil* Petrarcas durch dunkle, prunkende → *Metaphern,* seltene → *Bilder* und verblüffende → *Vergleiche* übersteigert. Der Begriff M. wird von der modernen Barockforschung nicht mehr verwendet, da er dem geistesgeschichtlichen Gehalt der Barockdichtung nicht gerecht wird. Vgl. auch → *Euphuismus.*

Mauerschau → *Teichoskopie, Seite 135*

Meistersang, im Handwerklichen erstarrte Endphase des →*Minnesangs* (14.–16. Jh.). Es gab Meistersingerschulen und Dichtergilden ähnlich den Handwerkerzünften. Hans Sachs ist die berühmteste Gestalt; zu seiner Zeit hatte er etwa 250 Zunftgenossen in Nürnberg. Strenge Regeln; in der »Tabulatur« waren bestimmte Lied- und Gedichtformen festgelegt, nach denen gedichtet und komponiert werden mußte. Fehler gegen diese Regeln wurden vom »Merker« angestrichen (s. die Gestalt des Beckmesser in Wagners »Meistersingern von Nürnberg«). Es handelt sich meist um Formen des →*Liedes* (dreiteilig). Eigenartige Namen wurden für die verschiedenen Weisen gewählt: »Geblümte Paradiesweise« usw. Viele Lieder wurden auch aus christlichem Geist heraus geschrieben und waren auf Wahrung der Tradition bedacht.

Metapher (von griech. metaphora = Übertragung) bezeichnet einen bildhaften, im übertragenen Sinn gebrauchten Ausdruck. Dabei werden bekannte Wortbedeutungen in einer Weise verwendet, die ihnen urspr. nicht zu eigen ist; z. B. in der M. »Flut der Eindrücke« ist mit »Flut« nicht mehr das physische Element, sondern die Vielzahl der Sinnesdaten, die auf einen »einstürmen«, gemeint. Die M. ist das wichtigste Mittel nicht nur der dichterischen, sondern der Sprache überhaupt, neue Bedeutungen mitteilbar zu machen oder überraschende Beziehungen zwischen schon bekannten aufzudecken.

In der Nachfolge Quintilians hatte man die M. als abgekürzten →*Vergleich* verstanden, wie es tatsächlich bei vielen M. der Fall ist. Doch wird man damit dem eigentlichen Wesen der M. nicht gerecht, das weniger in dem rational vergleichenden Beziehen zweier Gegenstandsbereiche liegt als in dem Zusammenbringen des Auseinanderliegenden und in der Aktivierung bild- und gefühlshafter Bereiche der Sprache. Daher spielt sie eine große Rolle in pathetischer, subjektiver, emotionaler Dichtung.

In der modernen →*Lyrik,* programmatisch seit dem →*Symbolismus,* zeigen sich in großer Häufung kühne M., die allerdings oft nicht mehr genau zu deuten sind.

Unsere Umgangssprache ist voll von M. (»ins Gras beißen«), aber auch schon »er hat ein kaltes Herz« oder »heiteres Wetter« sind metaphorisch. Im Gebrauch erlischt allmählich das Bewußtsein, einen übertragenen Ausdruck zu verwenden (z. B. »Stuhlbein«).

Metonymie (von griech. metonymia = Namensvertauschung), ebenso wie die →*Metapher* eine rhetorische Figur, jedoch im Gegensatz dazu wird der eigentliche Ausdruck lediglich mit ihm verwandten Begriffen vertauscht bzw. solchen, die mit ihm in einem realen Zusammenhang stehen. Beispiele: »Ich lese Goethe« = Goethes Werke; »Zum Kampf der Wagen und Gesänge« = der Wettkämpfer und Dichter; »Ich nehme ihn unter mein Dach auf« = in mein Haus. Beim letzten Beisp. spricht man auch von »pars pro toto« (= der Teil steht für das Ganze).

Metrik (von griech. metrike techne = Verskunst), die Lehre von den Versmaßen, vom →*Rhythmus* und dem Strophenbau (→*Strophe*), wurde als theoretische Beschäftigung mit der Dichtung schon im Hellenismus begründet. Ihr geht die Trennung der Dichtung von der Musik voraus. Die antike M. war quantitierend, d. h. in ihr wurde nach langen und kurzen Silben gezählt (nur der älteste röm. Vers, der Saturnier, verfuhr noch nicht quantitierend). Durch den →*Humanismus* wurde die quantitierende M. auch in die dt. Dichtung eingeführt, obwohl sie dem Charakter der dt. Sprache, die nicht lange und kurze, sondern betonte und unbetonte Silben unterscheidet, nicht gemäß ist. Die Unnatürlichkeiten, die damit verbunden waren, hat Opitz durch seine »Deutsche Poeterey« 1624 abgestellt und die akzentuierende M., allerdings nach den klassischen Versmaßen, durchgesetzt. – Vgl. →*Metrum,* →*Prosodie,* →*Versfüße,* →*Zäsur.*

Metrum (von griech. metron = Maß), Versmaß, das dem Vers ein bestimmtes metrisches Schema und damit einen bestimmten rhythmischen Charakter gibt. Das M. wird gelegentlich von dem →*Rhythmus* der einzelnen Stellen überspielt, ja der Reiz rhythmischen Sprechens liegt oft gerade darin, daß der Rhythmus den Verssinn gegen das starre M. herausholt. – Vgl. →*Metrik,* →*Prosodie,* →*Versfüße,* →*Strophe.*

Minnesang (von mhd. minne = Liebe), die wichtigste Erscheinung der höfischen →*Lyrik* des 12.–14. Jh. Von den dt. Minnesängern aus Frankreich übernommen, speist er sich aus provençalischen, spanisch-arabischen, antiken (Ovids »ars amandi«), christlichen (Marienmystik) Wurzeln und auch der zeitgenössischen lat. →*Vagantendichtung*. M. ist wesentlich Gesellschaftskunst (→*Gesellschaftsdichtung*), der Unterhaltung, ethischen Bildung und festlichen Erhöhung des ritterlichen Lebens dienend. Sein Akzent liegt daher auf der formalen Verfeinerung, nicht auf dem individuellen Erlebnis. Der Minnesänger, meist dem Dienstadel angehörend, widmet sich dem Dienst einer oft hochgestellten Dame, die ihm unerreichbare Herrin (»frouwe«) bleibt. Von dem Minneideal und seinem Dienst geht eine sittliche Wirkung auf den ganzen Ritterstand aus. – Obwohl dem subjektiven Bekenntnis kaum Raum gelassen ist und die →*Motive* vorgegeben sind, prägen sich die einzelnen Dichter doch persönlich und individuell in ihren Liedern aus.

Text und Weise gehören im Minnelied meist unzertrennbar zusammen. – Neben dem M. im engeren Sinn kennt die mhd. höfische Lyrik vielfältige Motive und Formen: Natur- und Liebeserleben (vor allem in der frühhöfischen Zeit und bei Walther), Tanzlieder, religiöse Themen (etwa bei Hartmann von Aue), politische Lyrik (Walther). Sie ist Spiegel des höfischen, ritterlichen Lebens mit seinen Idealen: hôher muot, saelde, staete, triuwe, mâze, zuht, êre, milte (= Freigebigkeit), minne.

Nach den frühen M.sängern (Kürenberger, Dietmar von Aist), die noch nicht unter frz. Einfluß stehen, vermitteln Heinrich von Veldeke, Friedrich von Hausen und Rudolf von Fenis die provençalischen Kunstformen. Seine Blüte erreicht der M. durch Heinrich von Morungen, Reinmar von Zweter, Reinmar von Hagenau und Walther von der Vogelweide. Walther stellt mit seinen „Mädchenliedern“, die die sinnlich-individuelle Liebe feiern, bewußt der »hohen Minne« auch die »niedere« gegenüber. Neidhart von Reuenthal parodiert in seiner »höfischen Dorfpoesie«, die das natürliche Leben des Landvolkes schildert, die ins Manieristische, manchmal sogar ins Unsinnige abgleitende späte Minnelyrik des Ulrich von Lichtenstein, Gottfried von Neifen, des Tannhäuser, Hadlaubs, Oswalds von Wolkenstein u. a. – Vgl. →*Abgesang,* →*Lied.*

Monolog (griech. monos = allein; logos = Wort, Rede), Selbstgespräch einer Person im →*Drama.* Der M. kann verschiedene Funktionen haben: Er kann der →*Exposition* eines Stückes dienen und die Situation darlegen, nicht darstellbare Ereignisse mitteilen, über das Geschehen – dem antiken Chor vergleichbar – reflektieren, die verborgenen Gefühle und Stimmungen des Helden offenbaren, also lyrischen Charakter gewinnen wie in Goethes »Iphigenie« oder Kleists »Prinz von Homburg«, oftmals auch bei Shakespeare, und vor allem Einblick geben in das innere Ringen des Helden vor einer entscheidenden Tat (z. B. »Wallensteins

Tod« I, 4: Wallenstein vor der entscheidenden Unterredung mit Wrangel; »Maria Stuart« IV, 10: Elisabeths M., bevor sie die Unterschrift unter das Todesurteil setzt; »Wilhelm Tell« IV, 3: Tells Entschluß, Geßler zu töten).

→*Realismus* und besonders →*Naturalismus* meiden den M. als unnatürlich und ersetzen ihn durch stummes Gebärdenspiel.

Ein wesentliches Mittel moderner Prosa ist der →*innere M.*

Montage (frz. = Aufbau, Zusammenstellung), aus der Filmtechnik in die Lit. übernommener Begriff, die Darstellungsform von →*Lyrik,* →*Epik,* und →*Drama* betreffend. Wie der Film greift auch die moderne Lit. gerne zu kompositorischen Mitteln wie z. B. Rückblenden, Einblendungen, um verschiedene zeitliche und räumliche Ebenen miteinander zu verbinden. Von M. spricht man insbes. in der modernen Lyrik, wenn – aus der Erfahrung einer fremd und unzugänglich gewordenen Wirklichkeit – Wort- und Satzfragmente verschiedenartigster Herkunft zu einem Text gefügt werden. Dabei gelten oft nur noch formal-syntaktische Gesichtspunkte. Durch eine solche verfremdende Behandlung wird die Sprach- und Lesegewohnheit durchbrochen und das Überraschende, Seltsame, Unerhörte eines Ausdruckes, einer Redewendung hervorgekehrt. – Aber auch Roman und Drama bedienen sich neuerdings in verstärktem Maß der M., indem z. B. dokumentarische oder andere expositorische Texte eingefügt werden, um einen realistischen oder fingiert realistischen Eindruck zu erzielen.

Motiv (von lat. motivum = Antrieb, Beweggrund), typische und menschlich bedeutsame Grundkonstellation als zentrales Element der Thematik eines lit. Werks; z. B. das M. der Liebe zwischen Kindern von zwei sich befeindenden Familien (etwa Shakespeare »Romeo und Julia«) oder das M. der feindlichen Brüder (etwa Schiller »Die Räuber«). Diese und andere M. durchziehen die gesamte Weltlit. Darum sagt das M. auch etwas aus über den Wert der Gestaltung in der Dichtung, über die Frage der unbedingten Originalität, d. h. das M. kann abgewandelt werden, ohne daß der Wert der Dichtung gemindert wird. Originalität ist nicht unbedingte Forderung des künstlerischen Tuns.

Leitm.: charakteristischer Gegenstand bzw. eine ganz bestimmte Situation, die in einem einzelnen lit. Werk immer wieder an bedeutsamen Stellen auftreten.

Mystik (von griech. mystikos = geheimnisvoll bzw. griech. myein = Augen und Lippen schließen) bezeichnet im theologischen Sprachgebrauch eine Richtung des religiösen Lebens, die ihre bestimmte Ausprägung zwar erst im Gegensatz zur scholastischen Philosophie des Mittelalters erhalten hat, aber schon in den dem Dionysios Areopagita (etwa von 485–515 n. Chr.) zugeschriebenen Schriften auftaucht. Somit geht die M. auf den Neuplatonismus zurück. Mystische Haltungen gibt es wohl in den großen Religionen aller Zeiten und Völker, auch etwa in der griech. Philosophie bei Heraklit und in den antiken Mysterienkulten, z. B. in den Eleusinischen Mysterien Athens. Wie unmittelbare Vereinigung mit Gott auch schon das Ziel der heidnischen Mysterien gewesen ist, so bedeutet M. auch im christlichen Sinn vornehmlich die durch den Areopagitischen Gottesbegriff geleitete Andacht, in der die Überschreitung der von der Vernunft und der Logik gesetzten Grenze des Denkens, die bis zur Aufgabe des bestimmten Bewußtseins gehen kann, als etwas schon in der irdischen Gegenwart Erreichbares erstrebt wird, während die Scholastik diesen Zustand erst im Jenseitigen für erreichbar hält. Die M. sucht also die Gegenwart des Unendlichen im Endlichen zu erfahren und auch – und das scheint den Begriff M. wieder der Logik zu nähern – theoretisch zu formulieren. M. ist eine Abkehr vom Diesseits und von den Dingen der Welt und eine Wendung zum Innern, zum Seelengrund, in dem Gott erfahren wird.

Die M. des Mittelalters hat mehr die erlebnishafte Seite, die Vereinigung der Seele mit Gott ausgebildet, während es im Neuplatonismus und vor allem bei Dionysios in erster Linie um die Erkenntnis Gottes und der idealen Welt geht (Aufnahme eines ekstatischen Erkenntnisprinzips im Gegensatz zu Platon selbst, wo es allerdings schon vorgebildet ist, etwa im Mythos des »Symposion«). Von den mittelalterlichen Mystikern vertreten die romanischen, Bernhard von Clairvaux und Bonaventura, mehr eine psychologische Theorie der mystischen Andacht, während die dt. Mystiker, Eckhart und Tauler, spekulativ verfahren und den Prozeß, den die Romanen nur subjektiv betrachten, objektivieren, d. h. in das Wesen Gottes verlegen. Diese Tendenz wird auch von den späteren dt. Mystikern aufgenommen, von Jakob Böhme und von den Romantikern (Schelling). Mystische Dichtung findet sich vor allem in den dt. Frauenklöstern, als eine intuitive Vertiefung vom Gefühl her: Hildegard v. Bingen (1098–1179) mit lyrisch-mystischen Dichtungen, die später oft imitiert werden; Mechthild v. Magdeburg (um 1207–1277): Tagebücher »Das fließende Licht der Gottheit« (um 1260), Visionen vom Himmel, von der Dreieinigkeit, von den Toten und vom Antichrist, mystische Vereinigung mit Christus; Joh. Tauler (1300–1361), bekannt vor allem durch seine »Predigten«; Heinrich Seuse (1295–1366), ein schwäbischer Mystiker: »Büchlein der Wahrheit«, »Büchlein der ewigen Wahrheit«.

In der dt. M. ragen zwei Gestalten heraus, Dietrich von Freiberg und Meister Eckhart. Bei Dietrich heißt es: »Wer zu dem Lichte kommen will, der muß lesen und leben und Gott innerlich bitten, daß er ihm das Licht offenbare. Er muß lesen mit Fleiß alle Sinne, die von diesem Lichte geschrieben sind; leben abgeschieden, innerlich lauter, erhoben über das Irdische, Gott bitten innerlich, einfältig, demütig und leichten Sinnes in absterbender Übung aller Selbstigkeit, wachsend in der Tugend vollkommener Gelassenheit in Christo Jesu.« Dieser Leitspruch Dietrichs zeigt Verwandtschaft mit den Sentenzen aus dem Buch, das Vorbild ist für die ganze Bewegung, dem »Incendium amoris« von Bonaventura. Meister Eckhart ist der originellste und selbständigste Denker unter den dt. Mystikern, z. T. von Thomas von Aquin abhängig. »Ähnlich wie Dietrich verstärkt Eckhart dabei die augustinisch-neuplatonischen Denkelemente, und er schwelgt in paradoxen Formulierungen, wenn er zu asketischer Befeuerung das zugleich demütigende und erhebende Bewußtsein vom Innesein des Schöpfers in den Geschöpfen zu wecken sucht, ohne doch die unergründliche Transzendenz desselben Schöpfers preiszugeben.« (Günther Müller)

Neue Form der M. im →*Barock* bei Spee und Angelus Silesius. Mystische Elemente gehen in den →*Pietismus* ein und werden von der →*Romantik* (bei Novalis und Brentano) und später in der Dichtung Rilkes und Elisabeth Langgässers wiederbelebt.

Dichterisch bekommt das Bild in der M. eine große Bedeutung. Was der Mystiker schaut, läßt sich oft nur »im Bilde sagen«. Die häufige Verwendung von →*Bildern* und →*Metaphern* im →*Barock* ist teilweise noch auf die M. zurückzuführen.

Die M. hat der Dichtung unbekannte seelische Tiefenbereiche erschlossen und die Sprache, vor allem auch die philosophische, um zahlreiche Ausdrücke bereichert und geschmeidiger zur Formulierung innerer

Erfahrungen und geistiger Sachverhalte gemacht (z. B. viele Substantive mit den Endungen -heit, -keit, -ung neugebildet: Gottheit, Menschheit, Wesenheit, Bewegung, Einheit; ferner: Begriff, einbilden, Eigenschaft, eigentlich, erhaben, Verlassenheit, gelassen, Einfluß, Überfluß, Einkehr, Eindruck, einleuchten, einwirken, unergründlich und viele andere).

Mythos (griech. = Wort, Rede, Erzählung, Sage), die überlieferte Vorstellung eines Volkes über die Entstehung der Welt, über seine Götter, darüber hinaus auch die →*Sage* von Göttern, Dämonen oder heroischen Menschen. Der M. ist eine auf frühen Kulturstufen entstandene Welt- und Daseinsbetrachtung und steht in direktem Bezug zum Religiösen, nicht nur dadurch, daß er von der Schöpfung der Welt und von Göttern berichtet, sondern auch weil er von Urerlebnissen des Menschen erzählt, in denen ein Einzelschicksal modellhaft allgemeingültige Bedeutung für alle Menschen erlangt im Sinne des für sie alle verbindlichen religiösen Glaubens.

So bildet z. B. der M. das Medium für die griech. →*Tragödie* oder das griech. →*Epos,* da jeder Zuhörer ihn kannte. Aber auch verschiedene →*Epochen* der dt. Lit., wie etwa die →*Klassik* und →*Romantik,* greifen auf griech. oder germ. Mythen zurück.

Naturalismus, europäische lit. Strömung, etwa 1880–1900, die sich die genaueste, objektive Wiedergabe der Erscheinungen ohne Einmischung einer subjektiven Deutung vorgenommen hat und dazu sich der naturwissenschaftlichen Denkweise bedient (Zola »Le roman expérimental«, 1880, Bölsche »Naturwissenschaftliche Grundlagen der Poesie«, 1887). ». . . Erst indem wir einsehen, daß eine menschliche Handlung, wie immer sie beschaffen sei, das restlose Ergebnis gewisser Faktoren, einer äußern Veranlassung und einer innern Disposition, sein müsse und daß auch diese Disposition sich aus gegebenen Größen ableiten lasse, – erst so können wir hoffen, jemals zu einer wahren mathematischen Durchdringung der ganzen Handlungsweise eines Menschen zu gelangen und Gestalten vor unserm Auge aufwachsen zu lassen, die logisch sind, wie die Natur.« (Bölsche) Aufspüren der Kausalzusammenhänge im äußeren und inneren Leben, der psychologischen Gesetzmäßigkeiten, der Determination des Menschen durch Umwelt und Vererbung sind die leitenden Momente.

Der N. nimmt weniger gegen den →*Realismus* Stellung als gegen die oberflächlichen Romane und bürgerlichen Gesellschaftsstücke, deren Scheinwelt im krassen Widerspruch zu der Verfassung und den ungelösten Problemen der entstehenden Industriegesellschaft steht. Die von der Gesellschaft nicht zur Kenntnis genommenen, mit Tabus belegten Nachtseiten des zivilisatorischen Daseins und der herrschenden Ordnung (moralisches und wirtschaftliches Elend der Mietskasernen, die Sümpfe der Großstadt, Krankheiten, Süchte, Verbrechen) werden mit sozialrevolutionärer Tendenz bloßgelegt. Der Stil schmiegt sich minutiös den Beobachtungen an bis zum Stammeln, Stottern, Verwenden der Umgangssprache, genaues Einhalten der zeitlichen Abläufe (→ *Sekundenstil*). Hinter der Sachlichkeit des N. lebt ein Pathos unbedingter Wahrhaftigkeit und ein Mitgefühl für die getretene Kreatur.

Der N. hat seine Hauptvertreter in Frankreich (Brüder Goncourt, Zola, dessen »Germinal« einen Bergarbeiterstreik zum Thema hat und die »Bibel des N.« wurde), Rußland (Tolstoi, Dostojewski, der bisher ungeahnte Blicke in die Abgründe der menschlichen Seele eröffnet) und Skandinavien (Ibsen, Strindberg, Jacobsen). Von dort gehen starke Impulse auf die dt. Lit. aus. In Deutschland bleibt der N. mehr Theorie als Praxis, bis Otto Brahm 1889 in Berlin die »Freie Bühne« gründet. G. Hauptmann ist der bedeutendste Dramatiker des N.; ihm gelingt in »Vor Sonnenaufgang« eine Tragödie trotz der naturalistischen Theorie. Es folgen »Friedensfest«, »Einsame Menschen«, »Die Weber«, »Florian Geyer«, »Fuhrmann Henschel«, »Rose Bernd«, »Michael Kramer«. – In der → *Lyrik* begründete A. Holz in seinem Riesenwerk »Phantasus« den → *Sekundenstil* und tastet nach neuen Beziehungen zwischen Sprachrhythmus und Wirklichkeit. Im → *Roman* herrscht das Zerfallsmotiv vor: die moderne Welt zersetzt die alten Ordnungen, der Einzelmensch verliert sich im Rachen der Großstadt (Kretzer, Clara Viebig, W. v. Polenz, Sudermann, H. Conradi).

Naturgefühl, erlebnishaftes Erfülltsein von den Erscheinungen und dem Wesen der Natur. Im uns geläufigen Sinn erst ausgebildet, als im Panentheismus (Gott wirkt in allem) und im Pantheismus (Gott ist alles, alles ist Gott) des 18. Jh., von der → *Renaissance* vorbereitet, der christliche Schöpferbegriff zurücktrat und die Schöpferkraft ineins mit der Natur gesehen wurde. Seit Klopstock, Goethe und vor allem der → *Romantik* verbindet sich der Begriff Natur mit den höchsten Gefühlen.

Die antike Dichtung kannte dieses intim-gefühlsbesetzte Verhältnis zur Natur noch nicht. In den Elegien des Tibull, Ovid, Vergil wird sie als arkadischer Schauplatz oder bukolischer Hintergrund (→*Elegie*) eines idealisierten Menschentums beschrieben. Schlichte, unsentimentale Daseinsfreude spiegelt sich in den Naturszenen bei Walther v. d. Vogelweide und im →*Volkslied*. Nach antikem Muster wird die Natur im →*Barock* zur Allegorese (→*Allegorie*) verwendet oder dient als idealisierte Parklandschaft oder beschütztes Idyll als Hintergrund einer verfeinerten, »künstlichen« Gesellschaft. Bei Brockes und in Hallers Gedicht »Die Alpen« kündigt sich der Wandel an, wenn Natur auch noch im Zusammenhang universaler Zweckmäßigkeit gesehen und bei Haller das Erhabene und Erschreckende des Hochgebirges noch ausgespart wird. →*Sturm und Drang* und →*Romantik* wagen den Blick auch in die dämonischen Abgründe der Natur (Bürgers »Lenore«, Goethes »Erlkönig«, »Fischer«, Eichendorff »Das Marmorbild«).

Seit der →*Renaissance* wird »Natur« auch zum Wertmaßstab. Vom natürlichen Menschen leitet das 16./17. Jh. sein Ideal des honnête homme, die →*Aufklärung* ihren »vernünftigen« und damit naturgemäßen Menschen ab, aber auch Rousseau beruft sich auf Natürlichkeit im Sinne von Ursprünglichkeit, womit er allerdings den Naturbegriff im Gegensatz zur Aufklärung verwendet. Auch der Begriff des Schönen, durch Winckelmann geprägt und in der Klassik weitergeführt, ist von der Vorstellung des Natürlichen beeinflußt. Für die Klassiker war das Griechentum, zum mindesten die klassische Zeit und die klassische Kunst, gleich Natur (→*Klassik*). Die Antike wird so zur Norm und zum Maß.

Moderne Haltungen (seit dem 19. Jh.) der Natur gegenüber sind der Positivismus (die gegebene Faktizität der Dinge wird als das einzig Wahre betrachtet) und der Materialismus (die Natur wird auf die Phänomene Kraft und Stoff reduziert). Heute hat die Natur auf der einen Seite wieder etwas Gefährliches für den Menschen, weil er sich nicht mehr in ihr geborgen fühlt, auf der andern Seite ist der Mensch der Beherrscher der Natur, weil er ihre Gesetze zu durchschauen gelernt hat. Diese Haltungen drücken sich auch in der modernen Dichtung aus.

Nemesis, in der griech. Mythologie die Göttin der strafenden Gerechtigkeit, die den der →*Hybris* verfallenen Menschen verfolgt und durch ihre Rache die göttliche Ordnung wiederherstellt. Wesentlicher Begriff für die griech. → *Tragödie,* aber auch noch für Schillers Auffassung vom Tragischen.

Neue Sachlichkeit, aus der Ernüchterung des Kriegserlebens erwachsene Abkehr der Generation um 1920 von der Gefühlsbetonung des → *Expressionismus.* In der Lit. wie auch in der Malerei meldet sich das Streben nach Dinglichkeit und Inhaltlichkeit. Die Prosaformen treten in den Vordergrund, insbes. → *Roman,* Tatsachenbericht (→ *Bericht* und → *Reportage* (Kraus »Die letzten Tage der Menschheit«, Remarque »Im Westen nichts Neues«). Zwar erlebt jetzt gerade das expressionistische Theater seinen Höhepunkt mit Kaiser, Barlach, von Unruh, Sternheim und Toller, doch beginnt sich, z. T. aus dem expressionistischen Stationendrama, das »epische« Drama herauszubilden mit seinem undramatischen, berichtenden, realistischen Charakter (Brecht). N. S. faßt nicht ganz zureichend die Epoche der zwanziger Jahre mit ihrer Skepsis, → *Ironie,* → *Satire,* die aus dem Zeiterleben resultieren. Bei Kästner etwa, dessen

Ich gehe durch die Gärten der Gefühle,
die tot sind, und bepflanze sie mit Witzen

als Motto für diese Zeit gelten kann, überwiegen die satirischen und moralischen Gesichtspunkte die rein sachliche Auffassung, und auch Brecht ist ein großer Moralist. Die Lit. ist zugleich politisch, Antikriegstendenz z. B. bei Remarque als wichtiges Motiv. Gesellschaftskritik und Desillusionierung der hohl gewordenen Werte findet sich auch in feuilletonistischer Meisterschaft bei Tucholsky.

Neuromantik, um 1900 einsetzende Richtung, die dem frz. → *Symbolismus* verwandt ist und sich gegen die krasse Stoffbezogenheit des → *Naturalismus* auflehnt. Vorläufer sind die engl. Präraffaeliten (eine 1848 von Rossetti gegründete Vereinigung von Maler-Dichtern), die nach einfacher, beseelter Form trachteten, und auch R. Wagner mit seiner Tendenz, Musik und Sprache zu verschmelzen. In bildender Kunst und Architektur läuft der N. der Jugendstil parallel: ihm geht es um die Wiedergewinnung der prägnanten, reinen Form, wie sie sich im Ornament darstellt, statt der oft sentimental-stofflichen Malerei der Zeit, und um die Besinnung auf die reinen bildnerischen Mittel. Auch die N. pflegt die ästhetisch reine Form, tastet nach der Symbolhaltigkeit der Dinge, greift nach → *Märchen,* → *Legende,* → *Mythos* und Folklore als Stoff und wendet sich den Tiefen der Geschichte einfühlend-verwandelnd zu. Von den eindeutigen religiösen oder politischen Bekenntnissen gelöst, vertraut sie dem Symbolreichtum der Seele und der Kraft der Phantasie, im Ästhetischen eine Wirklichkeit hervorzubringen, doch atmet immer die Ahnung des Vergehens mit – der Tod ist eines der innersten Themen der N.

Ihre eigentlichen Leistungen zeitigt sie daher in der Lyrik: George, Hofmannsthal, Rilke. Wie deutlich den Dichtern selbst das Bewußtsein von der Bedrohlichkeit und Hinfälligkeit, der labyrinthischen Ausweglosigkeit des Verhältnisses zur Sprache und Wirklichkeit ist, zeigen Hofmannsthals »Brief des Lord Chandos« und Rilkes »Aufzeichnungen des Malte Laurids Brigge«. Auch die neuromantischen Dramen, u. a. G. Hauptmanns »Versunkene Glocke« und »Hanneles Himmelfahrt« sowie Hofmannsthals »Tod des Tizian« und »Der Tor und der Tod«, haben lyrischen Einschlag. Hintergründiges Seelenleben zeichnen die Romane, wie Hauptmanns »Emanuel Quint«, Wassermanns »Caspar Hauser«, Hesses »Peter Camenzind«, Stehrs »Heiligenhof«, Schaeffers »Helianth«. Bezeichnend ist Hesses Buchtitel »Der Weg nach innen«. In der Figur des Detlev Spinnell hat Th. Mann in seiner Novelle »Tristan« das neuromantische Lebensgefühl ironisiert.

Nibelungenstrophe, im Nibelungenlied verwendete Strophenform, darüber hinaus wichtigste Versart des dt. →*Heldenepos.* Die N. besteht in der Grundform aus vier paarweise reimenden →*Langzeilen,* die jeweils in zwei Kurzzeilen unterteilt sind, von denen die erste (Anvers) vierhebig, die zweite (Abvers) dreihebig ist. Lediglich der Abvers der vierten Langzeile hat vier Hebungen.

Nichtaristotelisches Drama →*Episches Theater, Seite 42*

Nichtfiktionale Literatur →*Expositorische Literatur, Seite 49;* →*Fiktionale Literatur, Seite 52*

Nihilismus (von lat. nihil = nichts), ein von Jacobi 1799 erstmals eingeführter philosophischer Begriff. Der N. leugnet die Möglichkeit einer gültigen Erkenntnis der Wahrheit, er entwertet alle ethischen Werte und Normen menschlichen Handelns und verneint auch jegliche Art von Gesellschaftsordnung, kurzum, er negiert den Sinn menschlichen Lebens schlechthin. Der Begriff N. schlägt sich vielfältig auch in der Lit.

nieder, vor allem bei solchen Dichtern und Schriftstellern, die philosophische Probleme auf dem Wege der Dichtung zu bewältigen suchen und die Denkertum und dichterische Gestaltung miteinander verbinden. Das gilt in der modernen Lit. vor allem für Jean Paul Sartre mit seinen Dramen und für die Werke von Albert Camus. In Deutschland ist u. a. Ernst Jünger zu nennen, der, obwohl alles andere als Nihilist, dem Problem des N. in seinen Romanen und vor allem in seinen → *Tagebüchern,* deren Form für gedankliche Experimente und für Reflexionen geeignet ist, zu Leibe rückt. Gedichteter N. aber ist schon Büchners »Dantons Tod« und sein Lustspiel »Leonce und Lena«, das in der Darstellung der sinnlosen Langeweile Samuel Becketts »Warten auf Godot« vorwegnimmt. – Vgl. auch → *Groteske.*

Novelle (von ital. novella = Neuigkeit), kürzere Form der epischen Gattung, von der Erzählung durch den straffen, auf ein einzelnes Ereignis hin komponierten Aufbau unterschieden, mit dramatischem Moment, so daß N.-Stoffe sich zur Bearbeitung als → *Drama* eignen (Shakespeare). Schöpfer der N. als einer eigenständigen lit. → *Gattung* ist der Italiener Boccaccio mit seinem einhundert N. umfassenden »Decamerone« (1353). Bei ihm gibt sich die N. als eine möglichst geradlinige, gut pointierte epische Form der Unterhaltung, die einen bislang unbekannten oder merkwürdigen Vorfall in den Mittelpunkt rückt. Der Spanier Cervantes setzt in seinem »Novellas ejemplares« (1612) andere Akzente. Ihm geht es primär nicht mehr um eine unterhaltsame Handlung, sondern bei ihm ist die N. bereits eine »sich ereignete, unerhörte Begebenheit« (Goethe), d. h. in entscheidenden Situationen haben sich seine Charaktere zu bewähren. – Sowohl von der Handlungsn. (Boccaccio) als auch der Charaktern. (Cervantes) wird die dt. N. beeinflußt, die von Goethe begründet und dann vor allem in der → *Romantik* und im → *Realismus* gepflegt wird. Im 20. Jh. verliert die N. mehr und mehr an Bedeutung und wird von der → *Kurzgeschichte* verdrängt. Offenbar entspricht die Gattung nicht mehr der modernen Bewußtseinslage und den Lebensbedingungen des modernen Menschen.

Zur bewußten künstlerischen Gestaltung der N. kann der Rahmen gehören, in den die eigentliche Geschichte oder eine Geschichtenreihe eingebettet ist. Die → *Rahmenerzählung* kann die Binnenerzählung begründen, sie kann der Reflexion über das als merkwürdig oder bestürzend empfundene Geschehen oder auch der Anrede an den Leser dienen.

Nicht zuletzt weil die N. auch von anderen europ. Lit. aufgegriffen wurde, haben sich die verschiedenartigsten Formen der N. herausgebildet, so daß es schwierig ist, diese Gattung detaillierter als o. a. zu definieren. Bezeichnend dafür sind auch die vielen voneinander abweichenden N.theorien, von denen Heyses sog. Falkentheorie (Wende in einer menschlichen Situation) die bekannteste ist. Auch heute ist die Diskussion um die Gattungsform der N. noch nicht abgeschlossen.

Namhafte N.dichter im 18. und 19. Jh.: Goethe, Kleist, Tieck, E. T. A. Hoffmann, von Arnim, Eichendorff, Raabe, Storm, Keller, Meyer, Droste-Hülshoff; im 20. Jh.: Andres, Bergengruen, von Le Fort.

Ode (griech. odé = Gesang, Lied, Gedicht), lyrische Gattung von strenger, getragener Form, geeignet zum Ausdruck des Erhabenen, Feierlichen, Bedeutungsvollen und oft im tiefen Bewußtsein des Ganzen von Gott, Welt und Mensch verfaßt. Die klare Odenform bindet den Enthusiasmus, doch gerät die O. oft in die Nähe der →*Hymne* und freirhythmischer Verse (→*Freie Rhythmen*).

Ihre Strophenmaße sind aus der griech. → *Lyrik* übernommen, meist Hendekasyllaben (elfsilbige Verse) mit festen Versfüßen. In der Antike: vor allem Sappho, Alkaios und Pindar in der griech. Lyrik, bei den Römern Catull und vor allem Horaz (mit stark variierten Formen). In der →*Renaissance* dringen diese Strophen in die dt. Lit. ein, werden aber erst bei Klopstock wirksam.

a) Sapphische Strophe:

x́x / x́x / x́xx / x́x / x́x	Öder Denkstein, riesig und ernst beschaust du
x́x / x́x / x́xx / x́x / x́x	Trümmer bloß, Grabhügel, den Scherbenberg dort,
x́x / x́x / x́xx / x́x / x́x	Hier die weltschuttführende, weg von Rom sich
x́xx / x́x	Wendende Tiber!

(Platen »Pyramide des Cestius«)

b) Alkäische Strophe:

xx́x / x́x / x́xx / x́x / x́	Nur einen Sommer gönnt, ihr Gewaltigen!
xx́x / x́x / x́xx / x́x / x́	Und einen Herbst zu reifem Gesange mir,
x / x́x / x́x / x́x / x́x	Daß williger mein Herz, vom süßen
x́xx / x́xx / x́x / x́x	Spiele gesättiget, dann mir sterbe!

(Hölderlin »An die Parzen«)

c) Asklepiadeische Strophe:
x́x / x́xx / x́ // x́xx / x́x / x́ Schön ist, Mutter Natur, deiner Erfindung Pracht,
x́x / x́xx / x́ // x́xx / x́x / x́ auf die Fluren verstreut, schöner ein froh Gesicht,
x́x / x́xx / x́x Das den großen Gedanken
x́x / x́xx / x́x / x́ Deiner Schöpfung noch einmal denkt.
(Klopstock »Der Zürchersee«)

Klopstock ist der erste große Meister der dt. O. Aus enthusiastisch-religiösem Lebensgefühl gewinnt die O. bei ihm oft hymnischen Charakter. Auch der andere Höhepunkt dt. Odendichtung bei Hölderlin beginnt mit der Befolgung der antiken Formen und mündet im Hymnischen. Ihm ist der gemessene Rhythmus der Odenmaße das gegebene Ausdrucksmittel für seine Themen Freundschaft, Sehnsucht nach Vereinigung mit der Natur und dem Göttlichen, dem All. Auch Platen, der große Formkünstler, schrieb zahlreiche O., doch entsprechen die Inhalte oft nicht mehr der getragenen, feierlichen Form. Im 20. Jh. entdecken R. A. Schröder, Werfel, Weinheber u. a. die Odenform wieder. – Vgl. →*Hymne,* →*das Lyrische,* →*Metrik,* →*Metrum,* →*Versfüße.*

Oxymoron (von griech. oxys = scharf, spitz; moros = dumm), rhetorische bzw. stilistische Figur, und zwar die Verbindung zweier Vorstellungen, die sich nicht entsprechen, ja sogar ausschließen; z. B. »alter Knabe«, »weiser Narr«, »die bittere Süße« (= die Liebe).

Paarreim →*Reim, Seite 108*

Pamphlet (frz., etymologisch nicht eindeutig bestimmbar), eine meist kürzere, polemische Schrift, die eine breite Wirkung haben soll und deshalb provokatorisch und leicht verständlich abgefaßt sein muß. Ein P. will bestimmte Zustände attackieren, verwendet dabei oft auch in der Form der →*Montage* statistische Fakten und hat den Charakter des Aufrufs, der sich in Schlagworten, in Imperativen oder in rhetorischen Fragen äußert. Das P. hat meist politischen Charakter (→*Politische Lit.*) und wird oft auch anonym, unter Umgehung der Zensur, in Form des Handzettels oder des Anschlags verbreitet. Es spielt in der oppositionellen Lit. und deshalb in Diktaturen eine große Rolle. Beispiele: Büchners »Der Hessische Landbote«; die gegen Hitler gerichteten Flugblätter der Geschwister Scholl und der Widerstandsgruppe »Weiße Rose«.

Parabel (von griech. parabole = Nebeneinandergestelltes, Verglichenes, Gleichnis), eine lehrhafte Erzählung, die eine allgemeine Erkenntnis oder Lebensweisheit durch eine als Gleichnis zu deutende Begebenheit aus einem anderen Vorstellungsbereich veranschaulicht. Nach Goethe soll die P. über die Ebene, auf der sie spielt, hinausweisen. In der dt. Lit. wurde Lessings Ringparabel im »Nathan« berühmt. Ihr Bezug auf das Außerordentliche, ihre Kraft, das Rätselhafte auf seinen Sinn hin zu durchdringen, hat die P. in der modernen Lit. wieder lebendig werden lassen, wofür besonders die Erzählungen Franz Kafkas bezeichnend sind, die vielfach P.-Charakter haben, aber auch viele von Brechts »Kalendergeschichten« oder sein Parabelstück »Der gute Mensch von Sezuan« sind hier zu nennen.

Paradoxon (von griech. para = gegen; doxa = Meinung), Stilfigur, überspitzte, scheinbar widersinnige, absurde Formulierung eines Gedankens; doch liegt der widersprüchlichen Aussage eine tiefe Erkenntnis zugrunde. Beispiel: Das Leben ist der Tod, und der Tod ist das Leben.

Parallelismus (von griech. parallelos = gleichlaufend), stilistisches Mittel, das auf dem Prinzip der Wiederholung parallel (symmetrisch) zueinander angeordneter Wörter in aufeinanderfolgenden Satzteilen oder Sätzen beruht und so deren Aussagekraft verstärkt. Seinen Ursprung hat der P. im religiösen Bereich, wo die meist doppelte Wiederholung eine rituelle Funktion erhält (→*Trikolon*). →*Anapher* und →*Epipher* sind besondere Formen des P. Das bekannteste Beispiel eines dreigliedrigen P. (= Trikolon) ist die Aufzählung der verschiedenen Beschwörungen im I. Teil des zweiten Merseburger Zauberspruches:

thu biguol en Sienthgunt, Sunna era suister;
thu biguol en Frija, Volla era suister;
thu biguol en Wodan, so he wola konda.

Parataxe →*Satz, Seite 120*

Parodie (von griech. parodia = Gegengesang), komische, da übertreibende Nachahmung eines lit. Werks bzw. einer ganzen Gattung oder aber des Stils eines Autors.

Pathos (griech. = Leid, Leiden, Gemütsbewegung, Leidenschaft), Bezeichnung für eine erhabene, feierliche, gesteigerte Sprachform, wie sie dem Leiden oder einem leidenschaftlich erregten Gemütszustand zukommt. Pathetisch ist z. B. die Sprache der Psalmen oder der → *Oden* Klopstocks und Hölderlins.

Pentameter (von griech. pente = fünf; metron = Maß), fünffüßiger daktylischer Vers, der allerdings nahezu nie alleine, sondern fast immer in Kombination mit dem → *Hexameter* vorkommt (vgl. → *Distichon*). – Seinen Namen führt der P. insofern zu Unrecht, als er sechs Versfüße hat. Da aber der dritte und sechste Daktylus nur jeweils aus einer Länge bzw. Hebung bestehen, wurden beide schon in der Antike als einer gezählt (→ *Versfüße*).

Peripetie (von griech. peripeteia = plötzlicher Umschwung), unerwartete Wendung im Schicksal des Helden im Drama, sei es zum Guten oder zum Schlimmen. Von Aristoteles in der »Poetik« gebrauchter Begriff, der den Höhepunkt einer dramatischen Entwicklung kennzeichnet und meist im mittleren der fünf Akte gelegen ist. In der → *Tragödie* ist die P. der Punkt, an dem alle Voraussetzungen für den konsequenten Ablauf des Geschehens und für den Eintritt der Katastrophe gegeben sind; an der P. sind »die Weichen gestellt«. Vgl. → *Drama.*

Personifikation (von lat. persona = Person; facere = machen), oft gebrauchte Form der → *Metapher,* und zwar die anschauliche Verlebendigung bzw. Vermenschlichung lebloser Dinge oder Abstrakta. Jeder Mythos und jede frühe Religionsstufe personifiziert, auch das Kind. Alltagssprache: »Das Fenster schwitzt.« Poetisch: »Gelassen stieg die Nacht ans Land.«

Pietismus (von lat. pietas = Frömmigkeit), eine in der 2. Hälfte des 17. Jh. einsetzende und etwa 100 Jahre andauernde religiöse Bewegung innerhalb des Protestantismus, die sich gegen die als erstarrt empfundene Orthodoxie wandte und auf eine stärker vom Gefühl getragene Frömmigkeit, Nächstenliebe, kurzum eine Verinnerlichung kirchlichen Lebens abzielte. Der von Spener begründete P. begeht Wege, die der → *Mystik* nahe sind und später – hier wird der P. eigentlich erst in der Dichtung wirksam – als Gefühlsreaktion gegen die Vernunftreligion der → *Aufklärung* zu verstehen sind.

In der Lit. entstehen gefühlsbetonte, bekenntnishafte Lebensdarstellungen, der P. befruchtet das protestantische →*Kirchenlied* und reicht mit seiner Verinnerlichung der Dichtung über die Aufklärung hinaus bis in den →*Sturm und Drang* (u. a. Klopstock, Herder, Goethe). Vgl. auch →*Empfindsamkeit*.

Pleonasmus →*Tautologie, Seite 135*

Poésie engagée →*Engagierte Literatur, Seite 39*

Poésie pure →*L'art pour l'art, Seite 79*

Poeta doctus (lat. = gelehrter Dichter), Typ des Dichters, der sich in der verfeinerten Stadtkultur des Hellenismus herausgebildet hat und in allen späten, urbanen Epochen erscheint. Er steht im Gegensatz zum künstlerischen Naturtalent und zum naiven, archaischen Dichter der Frühzeiten, aber auch zum Dichter als Seher, als vates, durch den die Gottheit spricht (Auffassung des Dichters bei Hölderlin oder George). Ideal des P. d. ist der Dichter, der in sehr differenziertem Bewußtsein von der Problematik alles Wissens und Dichtens in den vielfältigen, kaum mehr überschaubaren Kulturgefilden zu Hause ist und bei seinen Lesern die gleiche Vertrautheit voraussetzt. Er verarbeitet in verfeinerten Formen das reiche Wissen seiner Zeit, oft nur in Andeutungen, die den Kenner verraten. Beispiele für den P. d. in der dt. Lit.: die Humanisten (→*Humanismus*), einige Dichter der →*Aufklärung* (vor allem Lessing und Wieland), Th. Mann, Hesse, Musil, Broch, Benn. Alle diese Dichter bilden nicht nur ein differenziertes Bewußtsein vom poetischen Schaffensvorgang aus, sondern bei ihnen durchdringt die Reflexion auch die Dichtung und den in ihr verwendeten Stoff.

Poetik (von griech. poietike techne = Dichtkunst), Theorie und Lehre vom Wesen und den Formen der Dichtung, auch Anweisung, wie ein Werk der Dichtung zu schreiben sei; heute auch Grundlage für die Wissenschaft von der Dichtung und ihre →*Interpretation*. Die P. wandelt sich mit der Auffassung vom Wesen der Dichtung. Bis ins 18. Jh. hinein sind die P. des Aristoteles, der den Begriff der Mimesis (»Nachahmung«; →*Imitation*) zur Herrschaft brachte, und des Horaz »Ars poetica«, eine seiner »Epistulae«, in der die poetischen Gattungen dargestellt und Anweisungen zum Dichten gegeben werden, maßgebend. Von Horaz stammt auch das Wort vom »delectare et prodesse« als Aufgabe der Dichtung, das die →*Aufklärung* wieder aufgenommen hat.

Die in dieser Tradition entstandenen P. sind normativ und versuchen, in theoretischer wie didaktischer Absicht, die dauernden Regeln der Dichtkunst zu bestimmen. Eine der bekanntesten ist die P. des Scaliger, 1561, die Opitz bei der ersten dt.sprachigen P., dem »Buch von der dt. Poeterey«, 1624, zum Vorbild dient. Auch Boileaus »Art poétique«, 1674, wirkt, insbesondere durch Gottscheds ganz in rationalem Geist abgefaßte »Critische Dichtkunst« von 1730, auf die dt. Lit. Beisp. für die formale, stoffbezogene P. aus Opitz (über die epische Dichtung): »Die Handlung muß wichtig sein, das ist, nicht einzelne Personen, Häuser oder Städte, sondern ganze Länder betreffen. Die Personen müssen die ansehnlichsten von der Welt, nämlich Könige und Helden und große Staatsleute sein. Die Fabel muß nicht kurz, sondern lang und weitläufig werden ... Alles muß darin groß, seltsam und wundersam klingen, die Charaktere, die Gedanken, die Neigungen, die Affekten und alle Ausdrückungen, das ist, die Sprache oder die Schreibart. Kurz, dies wird das Meisterstück der ganzen Poesie ...« (§ 26).

Die alte P. bricht zusammen, als der →*Sturm und Drang,* vor allem aus dem Munde Herders und Lavaters, die Lehre vom Genie und von dem Irrationalen als dem Wesen der Dichtung verkündet: Der Dichter hat nicht eine vorgefundene Welt abzubilden und den großen klassischen Mustern zu folgen, sondern er schafft, der Natur kongenial, eine neue, unerhörte, individuelle Wirklichkeit, die ihren Grund in sich selbst hat, und erfindet dazu die angemessenen Formen. Trotz der auf ein überzeitliches, allgemeinverbindliches Kunstideal zielenden P. der dt. →*Klassik,* niedergelegt in den Schriften Schillers, setzt sich diese regelfreie Theorie durch und gipfelt in der →*Romantik.* F. Schlegel: »Die romantische Dichtung ist noch im Werden, ja das ist ihr eigentliches Wesen, daß sie ewig nur werden, nie vollendet sein kann. Sie kann durch keine Theorie erschöpft werden, und nur eine divinatorische Kritik dürfte es wagen, ihr Ideal charakterisieren zu wollen. Sie allein ist unendlich, wie sie allein frei ist und das als ihr erstes Gesetz anerkennt, daß die Willkür des Dichters kein Gesetz über sich leide ...« Novalis: »Ein Gedicht muß ganz unerschöpflich sein, wie ein Mensch und ein guter Spruch.« Lit.wissenschaft, die in der Romantik neu begründet wurde, war angesichts einer solchen P. nur als Lit.geschichte, d. h. die dichterischen Individualitäten als geschichtliche Erscheinungen verstehend und beschreibend, jedoch nicht als Lit.kritik möglich.

Die romantische P. bestimmt auch die moderne Dichtungstheorie. Die Mitteilungen der Dichtung sind nur durch ihre Mittel und auf keinem anderen Wege möglich. Doch tritt jetzt auch wieder das Moment des »Machens«, der bewußte Kunstverstand hinzu, wie die Theorie vom dichterischen Vorgang überhaupt zum Bestand der Dichtung wird und die Dichtung ein Selbstverständnis begleitet, das in fruchtbare Spannung zur wissenschaftlichen Interpretation treten kann. Pound: »Gut schreiben ist Schreiben, das der Schreibende gänzlich in der Gewalt hat: er sagt genau das, was er meint; er sagt es mit vollkommener Klarheit und Schlichtheit; er kommt mit der kleinstmöglichen Anzahl von Worten aus ...«

Politische Literatur. Obwohl jedes lit. Werk in ein so oder so geartetes politisch-gesellschaftliches Bezugsgeflecht eingebunden ist (vgl. → *Kommunikation,* → *Literatursoziologie*), versteht man unter P. L. solche Dichtung, die akzentuiert politische Positionen und Absichten eines Autors zum Ausdruck bringt und so direkten Bezug zu politischen Systemen, Ideen und Zuständen nimmt. Eine solche Stellungnahme kann systembejahend oder aber polemisch-kritisch, ja systemzerstörend sein.

Während es zu allen Zeiten Schriftsteller gegeben hat, die in ihren Dichtungen gegenüber den jeweiligen politischen Machthabern bzw. Verhältnissen eine oppositionelle Haltung vertraten, hat sich erst seit der Proklamierung der freiheitlichen Menschenrechte im 18. Jh. der bewußt engagierte Autor herausgebildet (→ *Engagement,* → *Engagierte Literatur*), der sich als einer versteht, der »Sand ins Getriebe der Macht schüttet« (Eich). – Seit etwa 1830 zeigen sich in der dt. Lit. in zunehmendem Maße politisch-gesellschaftliche Intentionen, so daß P. L. in allen lit. → *Gattungen* ihren Niederschlag gefunden hat, vornehmlich und am deutlichsten in der → *Lyrik* und im → *Drama* (etwa Brechts → *Episches Theater* oder im → *Dokumentartheater*). P. L. muß nicht, kann jedoch an künstlerischer Qualität verlieren und zur bloßen Tendenzdichtung absinken.

P. L. in der dt. Lit. u. a. bei Walther von der Vogelweide (Spruchdichtung), Schiller (»Die Räuber«), Heine, Herwegh, H. Mann, Brecht, Tucholsky, Enzensberger, Grass, Hochhuth.

Popkunst (von engl. pop art, einer Abkürzung für popular art = volksnahe, beliebte Kunst), Bezeichnung für eine Kunstrichtung der 60er Jahre, die sich als bewußter Gegensatz zu den anerkannten Formen verstand und durch allgemeinverständliche Stilmittel und Inhalte verkrustete Strukturen der sog. bürgerlichen Kunst überwinden wollte. In der Lit. wurden Elemente bisher abqualifizierter Bereiche (→ *Comics,* → *Trivialliteratur*) zusammen mit verschiedenen Montagetechniken neu verarbeitet. Dabei entstand sowohl auf dem Gebiet der Lit. als auch dem der Musik das traditionelle Gefälle zwischen der P., die sich weiter um Innovation bemühte, und einem Markt von Popfans, die durch industrielle Produkte ohne Anspruch an den Rezipienten bedient wurden. Die Hauptimpulse und -vertreter der P. stammen aus den USA.

Posse (frühnhd. = Zierrat, Beiwerk an Kunstdenkmälern, Figur), niedere Form des Komischen (→ *Komödie,* → *das Komische,*), meist mit einer Handlung, die nur auf grobe, oft auch erotische Späße aus ist, häufig improvisiertes Theater. Gottsched wendet sich gegen diese improvisierte, possenhafte Art des Theaters und leitet damit die lit. Form der Komödie und des Lustspiels ein. Er hat keinen Einfluß auf Österreich, wo die P. weiterlebt in den Figuren der Wiener Volkskomödie (z. B. Staberl und Thaddädl) bis zu Nestroy, der die P. sogar literaturfähig macht (→ *Dialektdichtung*). In der P. wird das natürliche Bedürfnis der Menschen nach Lachen und ihre Freude an lächerlichen Situationen befriedigt.

Preislied oder Preisrede, im altgerm. → *Heldenlied* das Lob auf den Gefolgsherrn, auch als selbständige Lieder, von denen aber nur wenig überliefert ist. Das Handwerk des fahrenden Sängers brachte diese lit. Gattung mit sich, sie ist auch noch im Mittelalter bei den Minnesängern nachweisbar. Das Rühmen und Preisen geschieht von jeher in gebundener Rede. Auch das rheinfränkische Ludwigslied scheint, obgleich natürlich längst christlicher Herkunft, noch im Genus mit dem germ. P. zusammenzuhängen.

Prolog (von griech. prologos = Vorrede), eine dem → *Drama* vorangestellte Rede bzw. ein in sich abgeschlossenes Vorspiel, der Einführung in die Thematik des Stückes dienend. Gegensatz: → *Epilog.*

Prosa (lat. prorsa oratio = geradeaus gerichtete, d. h. schlichte Rede), nicht durch Verse, Reime oder Rhythmus gebundene Sprachform, die darum auch als ungebundene Rede bezeichnet wird. Eine Übergangsform zwischen ungebundener und →*gebundener Rede* stellen die →*freien Rhythmen* dar. – Von der kunstlosen P. der Umgangssprache ist die in der Lit. verwendete Kunstp. zu unterscheiden; Mittel zur künstlerischen Gestaltung sind dabei u. a. Wortwahl, Satzbau, stilistische Figuren usw.

In der Antike wird zunächst streng zwischen gebundener Rede (→*Epos,* →*Lyrik,* →*Drama*) als Formen der Dichtung und der zweckgebundenen Darstellung in P. (Philosophie und Geschichtsschreibung) unterschieden. Es wird also nicht in P. erzählt, d. h. als lit. Darstellungsform ist die P. erst viel später als die gebundene Rede benutzt worden. Zwar liegt uns aus der späten griech. Antike bereits ein P.roman vor, völlig unabhängig davon entstehen viele Jh. später die isländischen →*Sagas* als P.erzählungen, und auch im ausgehenden Mittelalter gibt es schon eine Reihe lit. Werke in P.; doch erst mit Beginn der Neuzeit setzt der Siegeszug der P. ein, die mit dem Aufkommen einer neuen Erzählkunst, des →*Romans,* bald zum ebenbürtigen dichterischen Ausdrucksmittel wird. – Vgl. →*das Epische,* →*Epos,* →*Erzählung,* →*Novelle,* →*Rhythmus,* →*Roman,* →*Saga.*

Prosodie (griech. prosodia = Zugesang), die Lehre von den Versmaßen (→*Metrik,* →*Metrum,* →*Versfüße*) und →*Rhythmen* in der Poesie. Die antike Poesie verfuhr nach dem quantitierenden Prinzip (man unterschied lange und kurze Silben, die in den verschiedenen →*Versfüßen* zusammengefaßt wurden und die dann auch zu Betonungsverschiebungen gegenüber der →*Prosa* führten). Den größten Gegensatz dazu haben wir in dem akzentuierenden Prinzip (betonte und unbetonte Silben), verwirklicht vor allem in der germ. Dichtung (germ. →*Langzeile*). Die dt. Dichtung stand immer wieder im Zwiespalt zwischen diesen beiden Prinzipien, am stärksten wohl in der Dichtung des →*Humanismus,* wo auch in der dt. Sprache quantitierend gedichtet wurde. Dabei mußte man unter Umständen auch eine unbetonte Endsilbe betonen oder auch an sich kurze Silben, wenn ihnen zwei oder mehrere Konsonanten folgten, als lange Silben werten (sog. Positionslänge). Opitz hat sich in seiner »Deutschen Poeterey« 1624 gegen dieses fremde Prinzip gewandt und dem akzentuierenden Vers zum Sieg verholfen.

Protagonist (von griech. protos = erster; agon = Wettkampf), der erste Schauspieler des altgriech. →*Dramas;* heute auch Bezeichnung für die Hauptgestalt eines dramatischen oder epischen Werks.

Pseudonym (von griech. pseudein = täuschen; onyma = Name), vorgetäuschter, erfundener Name, Deckname. Viele, auch bedeutende lit. Werke sind unter einem P. erschienen. Das kann politische, gesellschaftliche, persönliche oder auch kommerzielle Gründe haben. – Beisp. für P.: Angelus Silesius (Johannes Scheffler), Novalis (Friedrich Leopold Freiherr von Hardenberg), Jeremias Gotthelf (Albert Bitzius), Joachim Ringelnatz (Hans Böttcher).

Rahmenerzählung, eine Erzählung oder eine Reihe von Erzählungen, die von einer anderen sozusagen wie von einem Rahmen umschlossen wird. Die Technik der zyklischen R., die eine Vielzahl einzelner Erzählungen zusammenfaßt, hat ihren Ursprung im Orient (z. B. »Tausendundeine Nacht«) und ist von Goethe (»Unterhaltungen deutscher Ausgewanderten«) erstmals in der dt. Lit. angewandt worden. Kunstvoller ist sicher die andere Form der R., die lediglich eine einzelne Erzählung (Binnenerzählung) umschließt. Auf diese Weise bekommt der Autor Abstand vom Geschehen, kann eine weitere Perspektive einführen oder verschiedene zeitliche Ebenen miteinander verknüpfen (Beisp.: Storm »Aquis submersus«). Die R. findet sich vor allem in vielen →*Novellen,* gelegentlich auch im →*Roman* (Beisp.: Th. Mann »Doktor Faustus«).

Realismus (von lat. realis = sachlich, wesentlich) ist

a) eine grundlegende und dauernde Möglichkeit der Dichtung und meint unter stiltypologischem Aspekt die wirklichkeitsgetreue Wiedergabe des Tatsächlichen. R. läßt sich als naiv-anschauliches Schildern der mit den Sinnen erfahrbaren Wirklichkeit bestimmen, im Gegensatz zu einer Dichtung, die von einer allgemeinen Idee ausgeht und auf sie hin transparent ist. R. prägt sich meist im bewußten oder unbewußten Widerspruch zur klassischen Kunstauffassung mit ihrer formalen Geschlossenheit, ihrer gewählten, stilisierten Sprache, der Bindung an objektive Kunstgesetze und Übergehen des Alltäglichen zugunsten des Erhabenen, Heroischen, Transzendenten aus.

b) Der Begriff R. bezeichnet vor allem die lit. Epoche von etwa 1850–1880, die sich programmatisch von →*Klassik* und →*Romantik* absetzt und die Alltagswirklichkeit mit ihrer Bindung an konkreten Raum und konkrete Zeit den idealen Scheinwirklichkeiten entgegenstellt. Dabei wird auch eine letzte immanente Vernünftigkeit und Gesetzmäßigkeit der Wirklichkeit vorausgesetzt. Ausgelöst wurde dieser R. von der Erfahrung neuer politischer, sozialer, wirtschaftlicher und naturwissenschaftlicher Wirklichkeiten, die das menschliche Dasein in allen seinen Beziehungen umzugestalten begannen. Der Mensch erscheint in seine natürliche und gesellschaftliche Umwelt gebunden (Milieutheorie Taines). Mit wachem Blick werden die feinsten Seelenregungen beobachtet, insbes. in den großen frz. und russischen Romanen (Balzac, Stendhal, Flaubert, Tolstoi, Dostojewski), und dabei viele Einsichten der Psychologie vorweggenommen. Die Transzendenz der Religion ist fragwürdig geworden, die Religion wird in Anthropologie aufgelöst (Feuerbach: Gott ist eine Projektion des Menschen). Marx analysiert die gesellschaftliche Bedingtheit des einzelnen.

Der Weg führt vom »poetischen« R., der noch auf die Unversehrtheit der Wirklichkeit vertraute, aus der offenen, aufnehmenden Hingabe an die Erscheinungen sich einen Halt versprach (→*Erlebnis*) und die sinnliche Vielfältigkeit der Dinge vom künstlerischen Geist zur Einheit gestaltet sah, zum kritischen R., vor allem in Frankreich von Flaubert verwirklicht, der auch die scheinbar objektiven Werte, als nur von der subjektiven Glaubwürdigkeit des Erzählers oder der betr. Figur verantwortet, letztlich als Illusion erkennt.

Während Grabbe, Ludwig und vor allem Hebbel das Drama des R. prägen, liegen die bedeutsamsten Leistungen des R. auf dem Gebiet der →*Prosa,* in Deutschland besonders der →*Novelle* und des →*Romans,* oft unter Verwendung einer →*Rahmenerzählung*. Die großen dt. Erzähler des R. sind Gotthelf, Keller, Stifter, Raabe, C. F. Meyer und Fontane.

Refrain (frz., urspr. = Rückschlag der brandenden Wellen), die Wiederholung bestimmter Worte oder Verse meist am Strophenende; vor allem im gesungenen →*Lied* gebräuchlich, bisweilen auch als besondere Wirkung im Gedicht, wo der R. mitunter auch leicht variiert werden kann.

Reim, die extremste Form der gebundenen Rede, wird durch Silben- und Vokalgleichklang erreicht. a) Männlicher (stumpfer) R.: Tat-Rat, b) weiblicher (klingender) R.: gehen – stehen, c) dreisilbiger (gleitender) R.: erblichen – sterblichen. Endr. ist in die dt. Dichtung aus den ambrosianischen Hymnen der spätlat. kirchlichen Dichtung, nicht der klassischen, übernommen worden, denn in der klassischen Antike gibt es R. nur als Schmuckfigur in der Prosa (Rhetorik, Satzschlüsse). Zum erstenmal, wenn auch noch primitiv und oft nur als Assonanz, verwendet ihn Otfried v. Weißenburg in seiner Evangelienharmonie (»Der Krist«), um den heidnischen Stabreim (→*Langzeile*) zu verdrängen. Dann erscheint er vor allem im →*Reimpaar* des mittelalterlichen →*höfischen Epos* und erlebt im →*Minnesang* seine erste große Blüte. Bestimmte Strophenformen verlangen eine bestimmte R.bindung (→*Sonett*, →*Stanze* usw.). – Gebräuchlichste Formen des R.:

aa bb cc ... Paarreim
ab ab ... Kreuzreim
ab ba ... umschließender Reim

R. können auch durch nichtreimende Verse unterbrochen werden, also etwa abcb. Eine feinere Unterscheidung ist noch der reine R.: laut – traut und der unreine R.: gießen – grüßen.

Bei Assonanz sind lediglich die Vokale, nicht aber die Konsonanten am Gleichklang im Reimwort beteiligt (z. B. Macht – gab). – Stabreim oder Alliteration: →*Langzeile.* Im Schlagr. folgen zwei reimende Wörter innerhalb des Verses unmittelbar aufeinander: »Es sausen, brausen die Winde«. Beim Binnenr. reimt das Versende mit einem Wort desselben Verses:

Eine *starke,* schwarze *Barke*
segelt trauervoll dahin.
Die *vermummten* und *verstummten*
Leichenhüter sitzen drin.

(Heine)

Der R. kennzeichnet eine bevorzugte Stelle im Versgefüge. Der Gleichklang bezieht die R.worte aufeinander, sie treten als bes. bedeutsam ins Ohr.

In der modernen Dichtung wird, in Abwehr der leeren Reimklingelei, die sich im 19. Jh. breitmachte, seine Anwendung differenzierter. Dichter wie Rilke oder Benn suchen nach den seltenen, überraschenden R., wobei oftmals ein inhaltlich gewichtloses Wort in den R. gebunden wird, so daß der musikalische Reiz nur leicht mittönt und die offene Form des

Verses, die dem modernen, vielschichtigen Bewußtsein gemäß ist, kaum angegriffen wird.

Reimpaar, vierhebige Kurzverse, die durch →*Paarreim* verbunden sind; der maßgebliche Vers des →*höfischen Epos.*

Beispiel: Mîn herze hât *betwungen* a
dicke mîne *zungen* a
daz si des vil gesprochen *hât* b
daz nach der werlde lône *stât* b
(Hartmann v. Aue »Gregorius« V. 1–4)

Religiöse Dichtung. Ursprünglich waren Religion und Dichtung, Kult und Gesang eine Einheit, wie z. B. in den Götterliedern der Edda und auch den frühen Epen anderer Völker (Gilgamesch-Epos). Im weitesten Sinne ist auch die griech. Tragödie eine R. D. Immer wieder versucht der Mensch, das Verhältnis zu seinen Göttern oder zu seinem Gott in gebundener Rede auszudrücken, seinen Preis Gottes und seinen Zweifel, den Preis meist in hymnischer Form. Dabei sind für das christliche Abendland die Psalmen des Alten Testaments Vorbild.

Dt. Lit.: In ahd. Zeit »Wessobrunner Gebet«, »Muspilli«, frühe Hymnen, Otfrieds Evangelienharmonie, »Heliand«, Segensformeln, Petruslied, »Christus und die Samariterin«, das Lied vom Heiligen Georg, das spätahd. »Memento mori«, »Ezzos Gesang«, Genesisdichtung aus dem Altsächsischen und aus den Wiener Handschriften. Die mhd. Dichtung ist, von einem umgrenzten Standpunkt aus, mehr weltlich-höfisch, weniger religiös, doch von christlichem Geist durchwirkt. Ganz christlich ist das menschliche und geistige Reifen Parzivals gestaltet. Religiös sind auch die Probleme in »Tristan und Isolde« und die Dichtungen Hartmann von Aues nach seinem inneren Wandel: »Der arme Heinrich« und die Geschichte vom »guoten sündaere«, »Gregorius«. Die mhd. Lyrik ist mehr weltlich-höfisch und politisch eingestellt, aber auch sie hat Gedichte religiösen Inhalts.

Als wichtigstes Beisp. der religiösen Renaissancedichtung ist Dantes »Göttliche Komödie« zu nennen, auf dem Gebiet der dt. Lit. die Schriften der dt. Mystiker (→*Mystik*) Tauler, Meister Eckhart, Seuse, »Der Ackermann und der Tod« des Joh. v. Tepl, Luthers Schriften und Lieder. Dann folgt ein großer Teil der Dichtung des →*Barocks,* vor allem die Lyrik, die den Dualismus von Diesseits und Jenseits darstellt. Im 18. Jh.

findet das pathetische religiöse Gefühl Ausdruck in den Hymnen Klopstocks und in seinem Epos »Der Messias«. Hymnischer Preis Gottes ist auch ein beliebtes Motiv beim jungen Wieland und bei Gellert. Eine demütige Ergebenheit in Gottes Führung spricht aus den Gedichten von Matthias Claudius.

Starke Hinwendung zum Religiösen ist wieder in der →*Romantik* zu finden (religiöse Thematik bei Novalis, Brentano, Achim von Arnim, Eichendorff). Hölderlins Dichtung ist religiös, vor allem auch sein später Versuch, die griech. Götterwelt mit der Gestalt Christi zu verbinden.

Im 19. Jh. ist die Dichtung mehr diesseitig orientiert. Trotzdem findet sich auch hier R. D.: Mörike (»Gebet«), Gedichte von C. F. Meyer, der Schrei nach Gott bei Nietzsche. Sogar im →*Naturalismus* gibt es R. D.: »Hanneles Himmelfahrt« von Hauptmann. Die expressionistische Dichtung hat in den Dramen von Sorge und Barlach, in den Gedichten von Werfel und Trakl einen starken religiösen Zug (→*Expressionismus*).

In der modernen Lit. zeigt sich eine mehr nüchterne, vom Theologischen her begründete, intensive Hinwendung zu religiösen Fragen. Die religiöse Situation wird schärfer gesehen, das Böse steht dem Guten wieder als eine Realität gegenüber, es ist nicht mehr bloß psychologische Möglichkeit im Innern des Menschen, als was es im 19. Jh. und zu Beginn des 20. Jh. gesehen wurde.

Religiöse Probleme finden sich in den Romanen und Novellen von Bergengruen, von Le Fort, Schaper, Andres, Werfel und in der Lyrik bei Weiß, Hausmann, Schröder, Carossa, Goes, Langgässer.

Vgl. →*Erbauungslit.*, →*Kirchenlied.*

Renaissance (frz. = Wiedergeburt), allgemein die Wiederbelebung vergangener Kulturepochen, vor allem der Antike (z. B. »karolingische R.«), im engeren Sinn die große europ. Epoche von 1350–1600, die das Mittelalter durch die Entdeckung der Autonomie aller Lebensbereiche auflöst: In der Kunst wird die Vermittlung religiöser Stoffe durch die Beachtung innerästhetischer Probleme (Perspektive, Harmonie, Goldener Schnitt) überlagert; der Politik entwirft Machiavelli ihre autonomen Regeln; in der Philosophie tritt Plato an die Stelle des von der Scholastik bevorzugten Aristoteles; Lionardo leitet die empirische Erforschung der Natur ein. Vor allem aber erwacht ein Sinn für den Selbstwert des

Individuums und seines natürlichen Lebens. Erst in zweiter Linie wirken die wiederentdeckten antiken Autoren, die im Sinne eines human-diesseitigen Menschenbildes gelesen werden. Noch bestehen Christliches und Antik-Heidnisches nebeneinander. Michelangelo verkörpert im Christus der Sixtinischen Kapelle das Ideal des heroischen, schönen Menschen. Harmonie des Mikro- und Makrokosmos (Mensch und All) wird Leitmotiv der Epoche, die ihren ersten zerstörerischen Schock durch den Sacco di Roma der Söldner Karls V., 1527, erfährt. Voraussetzung für die ungeheure Steigerung des Lebensgefühls ist der Reichtum und die Freiheit der ital. Fürstenhöfe und Stadtstaaten. Italien bringt den Höhepunkt der R.: Dante, mit seiner »Divina Comedia« noch dem Mittelalter verbunden, Petrarca als Lyriker (»Sonette an Laura«), Boccaccio (»Decamerone«), Ariost (Stanzenepos »Der rasende Roland«) und Torquato Tasso (Epos »Das befreite Jerusalem«). In der Dichtung entstehen neue Formen: →*Sonett,* →*Stanze,* →*Terzine,* auf die auch die dt. Lit. immer wieder zurückgreift.

In Deutschland hat sich die R. während der Glaubenskämpfe der Reformation kaum ausbilden können. Als ihr wertvollstes Zeugnis schreibt um 1400 Johann von Tepl seinen »Ackermann aus Böhmen«, worin er gegen den Tod klagt, der ihm seine Frau genommen hat, und seine Antwort im Gedankengut der Stoa findet. Der dt. →*Humanismus* geht in gelehrter Forschung und dem Studium der alten Sprachen auf (Reuchlin, Pirkheimer, Agricola, Erasmus u. a.).

Reportage (frz. = Berichterstattung), auch in der Lit. gebrauchte Darstellungsform, um den Eindruck der Objektivität bzw. Dokumentation zu erwecken (Beisp.: Wallraff »13 unerwünschte Reportagen«).

Retardierung (von lat. retardare = verzögern, zurückhalten), Verzögerung im Handlungsablauf eines →*Dramas,* um nach dem Höhepunkt des Geschehens die Lösung des Konflikts hinauszuschieben und so die Spannung für kurze Zeit nochmals ansteigen zu lassen. In einer fünfaktigen →*Tragödie* z. B. kann nach der →*Peripetie* (meist am Ende des 3. Akts) nicht sofort die Katastrophe folgen, so daß häufig der 4. Akt retardierende Elemente enthält.

Rezeption (von lat. receptio = Aufnahme, Annahme) bezeichnet die bewußte, d. h. reflektierende Aufnahme eines lit. Textes durch den Leser und die von diesem Text auf den Rezipienten ausgeübte Wirkung.

Rezeptionsforschung, die wissenschaftliche Untersuchung der →*Rezeption* eines lit. Werks oder auch eines Autors, bei der die Wirkung auf die jeweilige Leserschaft im Mittelpunkt steht. Die Begegnung von lit. Werk und Leser wird dabei in ihrer historischen Entwicklung nach den für einzelne Epochen maßgeblichen (politischen, sozialen usw.) Bedingungen analysiert. Die Rezeption gilt dann als bedeutsam, wenn ihr für eine bestimmte Zeit eine gewisse Relevanz zugesprochen werden kann. Das Interesse der R. gilt einerseits der Intention eines lit. Werks bzw. dessen Autors, andererseits den spezifischen Einstellungen der Leserschaft dazu, die im Verlauf der Wirkung des Textes feststellbar sind. Von daher ergibt sich, daß es keine endgültige Wertung eines lit. Werkes geben kann, sondern dessen Rezeptionsgeschichte einer Relativität bzw. Wandlung unterworfen ist.

Rhapsodie (von griech. rhaptein = nähen, zusammenfügen), das von einem Rhapsoden vorgetragene erzählende Gedicht, meist ein Teil eines →*Epos* (daher bedeutet rhapsodisch auch bruchstückhaft). Der Rhapsode war ein fahrender Sänger, der wahrscheinlich in einer Art Sprechgesang fremde oder eigene Dichtungen vortrug. Homer stellt man sich als einen solchen Rhapsoden vor, aber auch die Verfasser der germ. →*Heldenlieder,* die mittelalterlichen Minnesänger und die Dichter der Epen, die von Fürstenhof zu Fürstenhof zogen und ihre Lieder vortrugen. Im Bereich der germ. Dichtung verwendet man auch den Ausdruck Barde. In der modernen Poesie versteht man unter Rh. oft ein freirhythmisches, hymnisches Gedicht, das aber meist nicht, wie die →*Hymne* selbst, religiösen Charakters ist, sondern das eher einer sinnlichen Begeisterung entspringt (Beisp.: Schillers »Rhapsodie der Leidenschaft«).

Rhythmus (griech. rhythmos = geregelte Bewegung, Zeitmaß, Gleichmaß; zu griech. rhein = fließen), Träger der zeitlichen Durchgliederung des Sprachstroms. Im Vers liegt dem R. das →*Metrum* (→*Metrik*) als festes Muster zur Anordnung der betonten und unbetonten Silben zugrunde. Der R. bedient sich zwar des Metrums, überlagert und umspielt es jedoch mit seiner der individuellen Sinngestalt dieses Textes angemessenen Bewegung. Die Einheiten, in denen der R. sich bewegt, sind nicht die Versfüße, sondern die sinnbezogenen Kola (→ *Kolon*). Metrum ist das äußere Maß, R. die innere Gestik eines Sprachwerkes. Rhythmische Mittel sind Sinnakzent, Pause, Tempo und Klangfarbe.

Auch die → *Prosa* kennt den R., wenngleich er hier ohne wiederkehrende metrische Einheiten auskommen muß. Der Prosa-R. ist auf das Ganze eines Satzes oder einer Periode bezogen und gibt ihnen die prägnante, sinngebende Gestalt. Er arbeitet mit der Satz- und Periodenspannung, den Pausen, Sinnbetonungen, wechselnder Geschwindigkeit.

Ritterdichtung → *Höfische Dichtung, Seite 60;* → *Höfisches Epos, Seite 61;* → *Minnesang, Seite 87*

Rokoko (von frz. rocaille = Muschelwerk), urspr. der in der bildenden Kunst vor allem durch zierliche, heitere Formen und muschelartige Verschnörkelungen gekennzeichnete Ornamentstil des späten → *Barock*. Der Begriff R. wird auch auf die Dichtung übertragen und bezeichnet eine lit. Stilrichtung von etwa 1730–1770. Unter R.dichtung versteht man leichte, heitere und galante → *Gesellschaftsdichtung*. Die dt. R.dichter übernehmen ihre Formen und Motive von Frankreich (ins Erotische umgewandelte Märchen und die Tagebücher frz. Kavaliere und Bonvivants). Hierher gehören als Vorbilder auch der »Gil Blas« und Prévosts »Manon Lescaut« (1731), die »Lettres Persanes« von Montesquieu und sogar Voltaires »Candide«.

In Deutschland umfaßt der Kreis der R.dichter vor allem die Anakreontiker. → *Anakreontik* – Übernahme der Gestalten aus der griech. und röm. Mythologie und Poesie: Venus und Amor, Amor und Psyche, andere Liebesgötter, Grazien, Nymphen, Sylphen und Dryaden. Hauptvertreter der R.-Poesie neben den Anakreontikern ist Wieland, bes. mit seinen kleinen Versepen. Auch die Gedichte Goethes aus der Leipziger Zeit und sein Lustspiel in Alexandrinern »Die Laune des Verliebten« sind echte R.dichtung.

Roman (Das Wort leitet sich ab von den in der »lingua romana«, der Volkssprache im Gegensatz zu den im Latein der Gelehrten verfaßten Schriften im Frankreich des 12. Jh., bezeichnet später das Prosaschrifttum überhaupt im Gegensatz zur Versdichtung.) Als epische Langform (→ *Epik*) in → *Prosa* ist der R. eine »Erzählung, in der vom Persönlichen aus das Ganze des Weltseins erfahren wird oder erfahren werden soll.« (Martini)

Der R. ist die moderne Dichtungsart par excellence. Er tritt erst nach der Auflösung des archaischen, von Göttern durchwalteten Weltbildes auf, dem das → *Epos* mit seinem eine in sich gefügte Welt umgreifenden Horizont und seiner auf den → *Mythen* und → *Sagen* beruhenden Allgemeinverbindlichkeit entsprochen hatte. War für das Epos die Fülle des Wirklichen fraglos gegeben, so treibt der R. die problematische Situation des einzelnen in seiner Welt, der Gruppen zum einzelnen oder zueinander hervor, nicht jedoch in dramatischer Alternative, sondern wie ein Geschiebe, an dem viele Kräfte arbeiten und von denen das Individuum nur eine ist. Die Formmöglichkeiten des R. folgen dem sich wandelnden Wirklichkeitsverhältnis. Wie in aller epischen oder dramatischen Dichtung entsteht in ihm zwar eine fiktive Welt, doch bezieht sich seine → *Struktur* in Bejahung oder Verneinung stets auch auf das, was als außersprachliche Wirklichkeit erfahren wird.

Sichtet man die vielfältigen Erscheinungen des R., so lassen sich zwar von verschiedenen Aspekten her (Thema, → *Struktur*, → *Erzählperspektive* u. a.) Romantypen erkennen, doch führt jede Einteilungsmöglichkeit im Einzelfall zu Überschneidungen. Eine überzeugende Systematik ist kaum möglich, da der R. von allen Gattungen am unmittelbarsten mit seiner Zeit verquickt ist und jede seiner Ausprägungen an ihrem geschichtlichen Ort, wenn auch nie als bloßes Zeitdokument, sondern immer im kritischen Abheben von der Zeitfolie, zu betrachten ist.

Romantik (von engl. romantic = poetisch, phantastisch, stimmungsvoll, malerisch), Bezeichnung für die Epoche der europ. Lit. von etwa 1797–1830, die ihren Ursprung und ihre stärkste Ausprägung in Deutschland hatte. Die R. ist der letzte Höhepunkt der im → *Sturm und Drang* begonnenen sog. »Deutschen Bewegung«. Von einzelnen hochbegabten Geistern entwickelt, ist sie auf allen Gebieten des geistigen Lebens fruchtbar geworden.

An ihrer Ausgestaltung sind im wesentlichen zwei Momente beteiligt: die weitausgreifende, ruhelose Reflexion des Ichs, das an der Unendlichkeit einer geistbestimmten Welt teilhat, dabei an der Bindung ans Endliche leidet (vgl. auch → *Ironie*), und die Erschließung der seelischen Tiefenschichten, wie sie sich im Traum, im Märchen, in der geschichtlichen Erinnerung manifestieren. Zum Programm der R. gehört die Sprengung jeder Gesetzlichkeit, die den Dichter einengen könnte und an deren Aufrichtung doch gerade die → *Klassik* gearbeitet hatte. Einmal in Gang gesetzt, verknüpft die romantische Reflexion alles mit allem, entdeckt die verborgenen Beziehungen der Dinge untereinander, die sinnbildhaften Entsprechungen zwischen Nahem und Fernem, Sichtbarem und Unsichtbarem. Die individuelle Erscheinung wird zur Welle im unabsehbaren Strom, in der Herkunft und Zukunft erinnernd und ahnend gegenwärtig sind, und zugleich bildet sich, vom → *Sturm und Drang* ererbt, ein Organ für die Einmaligkeit der Individualitäten. Die poetische Reflexion begleitet und durchdringt das Schaffen, vor allem bei F. Schlegel, Tieck und Novalis. »Die romant. Poesie ist eine progressive Universalpoesie. Ihre Bestimmung ist nicht bloß, alle getrennten Gattungen der Poesie wieder zu vereinigen und die Poesie mit der Philosophie und Rhetorik in Berührung zu setzen. Sie will und soll auch Poesie und Prosa, Genialität und Kritik, Kunstpoesie und Naturpoesie bald mischen, bald verschmelzen, die Poesie lebendig und gesellig und die Gesellschaft poetisch machen, den Witz poetisieren und die Formen der Kunst mit gediegenem Bildungsstoff jeder Art anfüllen und sättigen und durch die Schwingungen des Humors beseelen. Sie umfaßt alles, was nur poetisch ist, vom größten, wieder mehrere Systeme enthaltenden System der Kunst bis zu dem Seufzer, dem Kuß, den das dichtende Kind aushaucht in kunstlosen Gesang.« (F. Schlegel)

Poesie ist weniger Werk als Lebensvollzug. Im Traum, → *Märchen*, → *Mythos* erreichen die Romantiker unbekannte seelische Tiefenbezirke und gewinnen sie der Wirklichkeit hinzu. Das Gefühl wird zum Organ der Wahrheit, dessen Versagen zur Katastrophe führen kann (Kleist). In diesem Horizont bildet sich die romantische Grundstimmung der Sehnsucht (vgl. auch das immer wiederkehrende Motiv des Wanderns); ihr heutiger Bedeutungsinhalt kristallisiert sich damals heraus. Sie wirkt in dem Streben, alle Grenzen zu überschreiten, sich in fremde Individualitäten sowie andere Kulturen und Lit. (Übersetzungen) einzufühlen, um die eigene Individualität auszuweiten, die poetischen Gattungen ineinander übergehen zu lassen und sie alle auf den lyrischen Grundton zu stimmen. Religion und Kunst, Wissenschaft und Poesie verschmelzen, so wie in der Sprache die Bereiche von Ton und Farbe synästhetisch (→ *Synästhesie*) ausgetauscht werden. Novalis feiert den Tod, der die Individualität aufhebt, wie die Nacht in seinen »Hymnen«. Die Gattung, in der sich alle Formen treffen sollen, ist der Roman.

Die Sprache, die schon im Sturm und Drang weniger dem Abbilden als dem Ausdruck und der Vermittlung des lebendigen → *Rhythmus* zugetan war, soll schöpferisch unbekannte, unerhörte Wirklichkeit beschwören. Die unendliche Bewegung kann sich im Kreis darstellen, deshalb liebt die R. in sich zurücklaufende Formen wie die → *Kanzone,* die → *Terzine,* das → *Sonett,* das → *Rondeau.* Die Wortmusik hat ihre ausgezeichnete Stelle im → *Reim,* den die Romantiker gern zur → *Assonanz* (Brentano »Romanzen vom Rosenkranz«, 1810) weitertreiben: Ausdruck der unendlichen Melodie, in der sich die Individuen vereinigen. Vieles bleibt → *Fragment,* weil das Unendliche nicht zu bewältigen ist, oder wird schon als Fragment konzipiert.

Die Früh-R., von der Frz. Revolution, Goethes »Wilhelm Meister« und Fichtes Philosophie vom »absoluten Ich«, in dem die traditionelle Entgegensetzung von Subjekt und Objekt aufgehoben ist, angeregt, bildet sich um die Brüder Schlegel in Jena. Sie formulieren in der Zeitschrift »Athenäum« die neue Kunstauffassung. Ihren dichterischen Höhepunkt hat die Früh-R. nach Tiecks und Wackenroders »Herzensergießungen eines kunstliebenden Klosterbruders« und Tiecks Roman »Sternbalds Wanderungen« in Novalis (»Heinrich von Ofterdingen«, »Hymnen an die Nacht«) gefunden. Brentano und Eichendorff verschmelzen in ihrer Lyrik sprachliche Mittel und Bedeutung zu bisher kaum erreichter Einheit. Zugleich erwacht aus zwiespältigem Lebensgefühl ein Sinn für das → *Groteske,* Unheimliche der Existenz (»Nachtwachen des Bonaventura«, Jean Paul, E. T. A. Hoffmann). Die Hoch-R., die sich seit 1805 in Heidelberg im Kreis von Görres, Brentano, Arnim entfaltet, sammelt in einfühlender, idealisierender Hinwendung zur Vergangenheit und den Ursprüngen des Volkstums → *Volkslieder* (Brentano und Arnim »Des Knaben Wunderhorn«, angereichert durch eigene Dichtungen im Volksliedton, Uhland), → *Volksbücher* (Görres), → *Märchen* (Brüder Grimm). Sie sieht darin den Ausdruck des »Volksgeistes«. Die romantische Dichtung wird davon wesentlich bestimmt. Neben der dichterisch mitschöpferischen Einstellung Brentanos und Arnims steht das philologische Bemühen der Brüder Grimm, die die Überlieferung getreu aufschreiben wollen. Mit der »Deutschen Grammatik«, 1819 von Jakob Grimm verfaßt, den Sammlungen dt. Rechtsaltertümer, aus Mythologie und Heldensage und dem großen Unternehmen eines umfassenden dt. Wörterbuches sind sie Begründer der dt. Germanistik.

Die R. hat nicht nur auf spätere Lit.epochen immer wieder befruchtend gewirkt, sondern auch auf die europ. Lit. ausgestrahlt, insbesondere die frz. (Hugo, Chateaubriand) und die engl. (Byron, Shelley, Keats, Wordsworth, Coleridge).

Romanze (span. romance = episch-lyrisches Gedicht im Volkston), in Spanien entstandene liedhafte Gedichtform, der →*Ballade* verwandt. Alte spanische R. behandeln nationale Stoffe (Ritterromanzen), viele davon sind ins Dt. übersetzt, etwa von Herder und Geibel. Originale R. im Dt.: Goethe, Schiller, Tieck, die Gebr. Schlegel, Uhland, Schwab, Rückert, Chamisso, Platen und vor allem Heine.

Rondeau (von frz. rond = rund), urspr. zum Rundtanz gesungenes Lied. Das R. besteht aus 13 Zeilen und ist zweiteilig aufgebaut, wobei beide Teile mit den Anfangsworten refrainartig enden.

Rondel (von frz. rond = rund), Gedichtform aus der frz. Lit. Aus 14 Zeilen bestehend, verwendet das R. in seinen drei Strophen nur zwei Reime und wiederholt die beiden ersten Verse (manchmal auch nur den 1. Vers) in der Mitte und am Schluß. Es findet bevorzugt Anwendung im frz. →*Symbolismus*, vor allem bei Mallarmé. In England übernimmt Swinburne diese Form und entwickelt sie weiter zum Roundel. Der →*»Refrain«*, der aus den Anfangsworten besteht, wird im 4. und im abschließenden 11. Vers wieder aufgenommen: Reimschema: a b a (b) b a b a b a (b). Trakl hat diese Form kunstvoll weiterentwickelt in seinem »Rondel« überschriebenen Gedicht:

> Verflossen ist das Gold der Tage,
> Des Abends braun und blaue Farben:
> Des Hirten sanfte Flöten starben,
> Des Abends blau und braune Farben;
> Verflossen ist das Gold der Tage.

(Vgl. →*Triolett*)

Runen (von ahd. runa = Geheimnis, Geflüster; vgl. nhd. raunen), älteste germ. Schriftzeichen, insgesamt 24, etwa um die Zeitenwende entstanden.

Sachbuch, Publikation in Buchform, die Erkenntnisse der Wissenschaft in populärer und verständlicher Form darbietet. S. ist also von der → *Belletristik,* der sog. schönen Lit., abzugrenzen, aber auch vom wissenschaftlichen Fachbuch, das für den Spezialisten gedacht ist und u. U. einen ganz anderen methodischen Weg geht. Das S. wendet sich vorwiegend an den interessierten Laien. Nach dem 2. Weltkrieg erfuhr das S. (zusammen mit dem Taschenbuch, in dessen äußerer Form es oft erscheint) einen großen Aufschwung. Nach dem Statistischen Jahrbuch von 1969 waren 80,5% aller Buchtitel S.

Einige von versierten Autoren, die nicht unbedingt Spezialisten in der von ihnen behandelten wissenschaftlichen Disziplin sein müssen, verfaßte S. wurden zu Bestsellern (z. B. C. W. Ceram »Götter, Gräber und Gelehrte«, H. v. Dietfurth »Am Anfang war der Wasserstoff«, R. Pörtner »Mit dem Fahrstuhl in die Römerzeit«).

Saga (altisl. = Erzählung), älteste Prosa aus dem germ. Bereich, zunächst mündlich überliefert, zwischen 1150 und 1250 wahrscheinlich von Geistlichen auf Island aufgezeichnet. In wuchtigem, realistischem Stil verfaßt, berichten die S. die Chroniken altisländischer Bauerngeschlechter mit den tragischen Auseinandersetzungen zwischen den Sippen, von der Sippenrache bis zur gegenseitigen Zerstörung, und schildern eine großbäuerliche, ursprüngliche Welt, die in ihrem Grundcharakter heidnisch ist. Tapferkeit, Ruhmsucht, Härte, Treue, Freigebigkeit sind die hervorstechenden Eigenschaften dieser Bauern. Die Form steht zwischen Chronik und Erzählung, doch bedient sich die Darstellung gelegentlich dramatischer Rede und Gegenrede wie das germ. → *Heldenlied.*

Sage beruht wie das → *Märchen* auf volkstümlicher, anonymer Überlieferung, knüpft jedoch im Gegensatz zu diesem an einen bestimmten (historischen) Ort und eine bestimmte Zeit an, oftmals als Versuch, einen Namen oder eine sonstige Eigentümlichkeit durch den erzählten sagenhaften Vorgang zu erläutern. Die S. konfrontiert einen einzelnen Menschen mit einem einzelnen Geschehnis (z. B. Wilhelm Tell). Während jedoch der Märchenheld, von seiner Natur und guten Mächten gelenkt, die Gefahr besteht, muß sich der Sagenheld aus eigener Kraft und sittlicher Entscheidung behaupten. Sagenhaftes Gut ist in die → *Heldenlieder* eingegangen. Das christliche Gegenstück ist die → *Legende.*

Satire (von lat. satura = Fruchtschüssel als Gabe an die Götter, bunte Mischung, Gemengsel), verspottende Kritik menschlicher Schwächen, gesellschaftlicher oder politischer Zustände, die in allen lit. → *Gattungen* zu finden ist.

S. gab es schon in der altgriech. Lit., doch ist sie vor allem in der röm. entwickelt worden und hat seitdem alle lit. → *Epochen* durchzogen. – Beisp. für bedeutende S. früherer Jh.: Brant »Das Narrenschiff« (1494), Wieland »Die Abderiten« (1774), Grabbe »Scherz, Satire, Ironie und tiefere Bedeutung« (1827), Heine »Deutschland, ein Wintermärchen« (1844). Der gesellschafts-, sozial- und zeitkritischen Tendenz der modernen Lit. entspricht das satirische Moment besonders (H. Mann, Kraus, Tucholsky, Kästner, Brecht, Enzensberger, Schnurre u. a.).

Saturnier → *Metrik, Seite 87*

Satyrspiel → *Trilogie, Seite 141*

Satz, ein sprachlicher Ablauf, der von einer Intention angetrieben wird, die offenbar schon bei Beginn festliegt und den Ablauf prägt. Er ist beherrscht von einer Aussagespannung und vollzieht sich in einer bestimmten Sprechmelodie, die je nach Betonung und Stellung bestimmte Wörter heraussheben und damit den Sinn des Satzes abwandeln kann. Der S. ist eine sich im Sprechen vollziehende Synthese, kein Nacheinander von Wörtern, sondern ein Miteinander.

Die Unterordnung in der Satzgliederung wird als Hypotaxe bezeichnet. Sie dient der Darstellung komplizierter Gedanken und ist Abbild einer sehr differenzierten Weltauffassung. So ist z. B. der ciceronianische Stil durch Hypotaxe gekennzeichnet. Er ist Ausdruck der Bildung und Urbanität. In der Parataxe dagegen stehen die (Haupt-)Sätze verbunden oder unverbunden nebeneinander. Sie ist ursprünglicher, urtümlicher, sachlicher. Deshalb wird sie oft in der modernen Lit. bevorzugt, da man nüchtern, gefühlszurückhaltend schreiben will. Die moderne → *Kurzgeschichte* liebt kurze Hauptsätze, die mit dem Subjekt beginnen. Sie schafft dadurch eine spannende Atmosphäre.

Schäferpoesie, auch als bukolische oder Hirtendichtung bezeichnet, Dichtungsgattung, die in der idyllischen Welt der Hirten spielt, eine im Zusammenhang mit dem höfischen Gesellschaftsideal vom → *Barock* bis zum Beginn des → *Sturm und Drang* weit verbreitete Art zu dichten. Die

Sch. ist in allen Gattungen, vor allem aber im Lyrischen zu Hause, ja verbindet oft alle drei Gattungen miteinander. Sie geht auf die bukolische Poesie (→*Elegie*) der Antike (Theokrit; Vergils »Bucolica«) mit ihrem Preis des ländlich einfachen Hirtenlebens (Arkadien) im Gegensatz zum Großstadtdasein zurück und wird schon in der →*Renaissance* und im →*Humanismus* z. T. erneuert. Im →*Barock* wird aus der sentimentalen Sehnsucht nach dem goldenen Zeitalter die Sch. zum lit. Gesellschaftsspiel mit verschlüsselten Anspielungen: raffiniertes Spiegelspiel einer verfeinerten Gesellschaftsschicht. Die Sch. spielt in einer stilisierten Natur: sanfte Hügel, Wiesen, blühende Bäume sind ihre Kulissen; die höfische Gesellschaft erscheint im Schäferkostüm, die Wirklichkeit ist ausgeschaltet, dafür gilt eine große Skala der Gefühle und der meist durch Liebe und Freundschaft hervorgerufenen Empfindungen: Klage, Sehnsucht, Einsamkeit, Liebesstreit und folgende Versöhnung, Regungen des Herzens; Seelenlandschaft. Alles aber bleibt Motivdichtung.

Schauspiel, a) dt. Bezeichnung für →*Drama;* b) im engeren Sinn diejenigen Stücke, die zwar eine ernste, konfliktgeladene Handlung haben, in der ein tragischer Ausgang drohen kann, die jedoch durch die Einsicht oder innere Läuterung des Helden zu einer Lösung und Vermittlung der Gegensätze kommen. Beisp.: Shakespeare »Der Kaufmann von Venedig«, Kleist »Der Prinz von Homburg«.

Schlagertext gehört zur → *Trivialliteratur* und drückt als sozialpsychologisches Phänomen die Sehnsucht der Menschen nach einem glücklichen Leben aus. Sein Ideal ist die heile Welt des individuellen Glücks und der Zufriedenheit. In ihm können aber auch das Lebensgefühl und die Mentalität einer größeren Menschengruppe manifest werden (z. B. bestimmte Schlagerlieder während des Krieges). Der Sch. steht im Gegensatz zum →*Song,* der entweder satirisch verfährt (z. B. im →*Expressionismus*) oder gegen die bestehenden Verhältnisse revoltiert und damit das Bewußtsein der Menschen zu verändern versucht. Der Sch. ist vom Emotionalen her bestimmt, Begriffe wie Liebe, Schönheit, Glück, Hoffnung, Sonnenschein und andere tauchen immer wieder auf und bilden gleichsam feste Punkte im →*Kontext,* der einer rationalen Analyse oder Interpretation nicht standhält.

Schlüsselroman (Lehnübersetzung von frz. roman à clef), Romanform, in der wirkliche Personen, Orte und Vorkommnisse in mehr oder weniger durchsichtiger Verschleierung dargestellt sind, so daß der Leser sie relativ leicht entschlüsseln kann.

Schwank (von mhd. swanc = Schlag, Hieb), derb-komisches Bühnenstück, mit der → *Posse* verwandt. Er blüht besonders in → *Epochen,* die eine urwüchsige und grobe Darstellung bevorzugen, z. B. im Spätmittelalter, wo vor allem die Sch. von Hans Sachs berühmt geworden sind (z. B. »Der fahrende Schüler im Paradeis«). Der Sch. ist gekennzeichnet durch eine grobe, von der jeweiligen Umgangssprache geprägten Diktion. Er lebt von der Situationskomik, vom derben Witz und oft auch vom obszönen Ausdruck. Außer dem Spätmittelalter gibt es Sch. vor allem im → *Barock,* wo die unmittelbare Hinwendung zur Vitalität und zur derben Lebensfreude den Gegensatz bildet zum Spiritualen und zur Sehnsucht nach dem Jenseits. Epochen, die einer verfeinerten Zivilisation und Lebenskunst huldigen, wie z. B. die → *Aufklärung* oder das → *Rokoko,* lehnen den Sch. ab. Schwankhafte Elemente gibt es auch im → *Wiener Volkstheater,* bei Hauptmann (z. B. die Komödie »Schluck und Jau«), bei Zuckmayer (»Der fröhliche Weinberg«) und von Horvath (z. B. »Kasimir und Karoline«). Überhaupt neigt das an den Dialekt gebundene Volkstheater zum Schwankhaften (→ *Dialektdichtung,* → *Komödie,* → *das Komische*).

Es gibt auch den epischen Sch.; z. B. ist die antike Gattung »fabella« oft schwankhaft (altfranzösisch »fabliau«), und häufig wird der Einfältige vom Klugen verspottet. Bekannte Beispiele für den epischen Sch. sind die spätmittelalterlichen Eulenspiegel- und Schildbürgergeschichten.

Die Fazetie, die pointierte Scherzrede, die auch dramatische Form annehmen kann und die im → *Humanismus* aufkommt, ist eine besondere Art von Sch.dichtung; sie ist gemäß der im Humanismus geübten Manier in lateinischer Sprache verfaßt.

Sciene fiction (engl.), abenteuerlich-phantastische Dichtung utopischen Inhalts, auf naturwissenschaftlich-technischen Grundlagen basierend.

S.f. hat sich zu einer weit verzweigten und verschiedene Gattungen umfassenden Literaturform entwickelt, die dem Zukunftsroman nahesteht. S. f. geht wohl von Jules Verne aus und profitiert von den neuesten

Entwicklungen der Technik, vor allem der Raumfahrt. Der S. f.-Autor verbindet diese neuen technischen Erfindungen mit denen seiner Phantasie und der Wunschwelt des Menschen und schafft utopische Situationen, wobei vor allem die Frage »Wird das in 20, 30 oder 50 Jahren möglich sein?« als Anreiz im Hintergrund steht. In der → *Fabel* der S. f.-Romane spielen politische Verwicklungen eine große Rolle, ebenso die neuen Erkenntnisse der Biologie (Beeinflussung der Gene und Veränderung des Menschen in seiner ganzen Verhaltensweise). Bisweilen werden sogar eschatologische Vorgänge, natürlich nicht im christlichen Sinne, dargestellt (Untergang der Erde usw.).

Die Gattung S. f. umfaßt auch diejenigen Werke (vor allem → *Romane*), die der Zwangsvorstellung vom modernen Staat und seinem Machtapparat Ausdruck zu geben versuchen, der die konformen (oder konform gemachten) Menschen beherrscht (z. B. George Orwell »1984«).

Sekundärliteratur (von lat. secundarius = von der zweiten Sorte), Lit. über dichterische Werke, z. B. Interpretationen, wissenschaftliche Untersuchungen zu einem lit. Text, einer lit. → *Epoche* oder → *Gattung.*

Sekundenstil, zuerst von Holz und Schlaf in den Skizzen »Papa Hamlet« ausgeprägter Versuch des → *Naturalismus,* alle äußeren und inneren Vorgänge, Wahrnehmungen, Gedanken, Reflexe, möglichst in ihrer zeitlichen Reihenfolge und mit allen Details in genauer Beschreibung festzuhalten, ohne sich dabei von vorgegebenen lit. Formen und Mustern (z. B. → *Metren,* → *Reim* usw.) bestimmen zu lassen. Der Dichter wird zum reinen Wahrnehmungsorgan, zum vollkommenen Zuschauer, für den jede wahrgenommene Einzelheit gleich wichtig ist. Mit dem Bezug auf objektive poetische Schemata oder Muster ist auch der Bezug auf absolute Normen, auf erfahrungsunabhängige Ordnungen geschwunden. Die kompositorische Ordnung soll ganz aus dem Phänomen selbst erwachsen, der sprachliche → *Rhythmus* identisch sein mit dem der Dinge. Wortwahl und Satzbau schmiegen sich dem im Augenblick auftauchenden Phänomen an. Die Dichtung ist nicht mehr transparent für allgemein Bedeutsames, für überzeitliche Normen, für Urphänomene wie in der → *Klassik;* sie läßt sich auch nicht mehr auf bestimmte Einheiten, der Personen, Charaktere, gesellschaftlichen Schichten usw., beziehen wie im → *Realismus* des 19. Jh. Aus der Erfahrung der Unbestimmbarkeit des Menschen und der Unabsehbarkeit der Realität nimmt sie alles Erscheinende auf und tastet, ohne sich vorweg festlegen zu lassen, allen Möglichkeiten nach.

Vgl. → *Simultantechnik,* → *Verfremdung*

Senar → *Trimeter, Seite 142*

Senkung, unbetonte Silbe eines Verses in der dt. → *Metrik;* Gegensatz: → *Hebung*

Shakespearebühne → *Bühne, Seite 27*

Short story (engl. = kurze Geschichte), anglo-amerik. Kurzform der → *Epik* und Vorläufer der dt. → *Kurzgeschichte.* In der ersten Hälfte des 19. Jh. in den USA aufgekommen, verdankt sie ihre Entstehung und Form dem eiligen Leser einer Zeitung oder Zeitschrift, der eine kurze Zeit des Wartens mit dem Lesen einer ihn fesselnden Erzählung verbringen will. Dieses Gebot der Kürze, das nicht überschritten werden durfte, verlangte vom Autor Konzentration auf das Wesentliche, dennoch aber eine packende, der Realität des Lebens entnommene Erzählung. Anfänglich völlig unlit. Zwecken dienend, entstanden bald jedoch sh. st., die lit. Ansprüche erfüllten und diese Form der Kurzepik zu einer bedeutenden → *Gattung* der modernen Lit. werden ließen. Vor allem Hawthorne, Poe, Harte, später dann O'Henry, London, Hemingway, Steinbeck und Faulkner waren Meister der amerik. sh. st.

Simultanbühne → *Bühne, Seite 27*

Simultantechnik (von lat. simul = zugleich), lit. Technik, die, ähnlich wie der → *Sekundenstil,* die disparate Vielseitigkeit des modernen Lebens, das Zusammen der heterogensten Erscheinungen, Daten, Impulse und Bestrebungen wiedergeben will, um der Fülle des konkreten Lebens habhaft zu werden. Ihr Programm, unvoreingenommen die Eigentümlichkeit des Lebens, vor allem des modernen Lebens, aufzufassen, ähnelt zwar dem des → *Naturalismus,* doch bewirkt sie durch die Zusammenstellung des Disparaten und die Verwendung konkreter Wirklichkeitsfragmente, Zeitungsausschnitte, Zitate, Slogans usw., daß die Verdinglichung, die Entfremdung, die Widersprüchlichkeit und Absurdität, die das moderne Dasein bestimmen, schockierend sichtbar werden.

Die S. ist, außer in der Lyrik und im Drama, bes. im modernen → *Roman* fruchtbar geworden, dem die Auseinandersetzung mit der gesellschaftlichen Wirklichkeit vordringliche Aufgabe sein muß. Sie wurde später auch von Nicht-Dadaisten wie Dos Passos, Sartre oder Döblin (in einzelnen Kapiteln von »Berlin Alexanderplatz«) angewandt.

Skizze (von ital. schizzo = Spritzer), flüchtige, fragmentarische, nur Umrisse aufzeigende →*Erzählung;* gelegentlich auch in Form eines →*Essay*.

Sonett (von ital. sonare = klingen), Gedicht- bzw. Strophenform, im 16. Jh. aus der romanischen → *Lyrik* übernommen, besteht aus zwei Quartetten (zwei vierzeilige Strophen) und zwei Terzetten (zwei dreizeilige Strophen), durch Reime gebunden: die zwei Quartette abba, die Terzette cdc. Petrarca, Shakespeare (Shakespeare-S.: abab, cdcd, efef, gg: also andere Form) und der Portugiese Camoes sind seine ersten großen Meister. Die strenge Form mit der starken →*Zäsur* zwischen den Quartetten und den Terzetten macht es besonders für Gedankendichtung geeignet: Satz und Gegensatz, Frage und Antwort, Problem und Lösung, Erlebnis und allgemeine Anwendung, Gedankenspiel und Fazit usw. Diese Trennung wird bis in die moderne Lyrik hinein streng beachtet.

In der dt. Lit. erscheint das S. schon sehr häufig im →*Barock* (dessen dualistischer Weltsicht die Trennung in Quartette und Terzette entspricht), vor allem bei Opitz, Fleming, Gryphius und Hofmannswaldau, ist aber bis in unser Jh. immer wieder aufgegriffen worden.

Song (engl. = Lied). Die lit. Ahnenreihe des S. beginnt wohl im späten Mittelalter bei der dem →*Schwank* oder auch dem Mysterienspiel integrierten und zur Laute gesungenen Moritat, die später von der →*Ballade* abgelöst wird. Im heutigen Sinn tritt der S. zum erstenmal bei den Expressionisten auf, im sog. Überbrettl, dem lit. Kabarett; hier hat er schon satirisch-polemischen Charakter. Der S. richtet sich meist gegen lit. und politische Mißstände. Brecht macht ihn zum Mittel des →*Epischen Theaters*. Dort unterbricht der S. die Handlung und hat häufig kommentierende Funktion, ähnlich dem →*Chor* in der griech. →*Tragödie*. Brecht bedient sich in seinem S. häufig eines archaisierenden, volksliedhaften oder bewußt vereinfachenden Stils.

Der S. will belehren, provozieren und die Änderung des Bewußtseins bewirken. Er ist mit einfacher Musik verbunden und wird oft – in einem immer stärkeren Maße – zur Gitarre gesungen. Die verschiedenen, neuen, gegen die Wohlstandsgesellschaft gerichteten Bewegungen der Jugend bedienen sich des politischen Protestsongs. Eine lit., zu einem großen Teil schon in den modernen Kunst- und Kulturbetrieb integrierte Form erhält der S. dort, wo er in Form von Konzertabenden dargeboten und damit seiner eigentlichen Funktion entfremdet wird.

Soziologische Literaturbetrachtung → *Literatursoziologie, Seite 81*

Sozialistischer Realismus (von lat. socius = Genosse; realis = sachlich, wesentlich), die 1934 vom 1. sowjetischen Schriftstellerkongreß zum Dogma erhobene Kunsttheorie, die eine künstlerische Darstellung der Wirklichkeit im Sinne der marxistisch-leninistischen Ideologie verlangt. Diese heute für den gesamten kommunistischen Herrschaftsbereich maßgebliche Doktrin verlangt von der Lit., sich für die Ziele der sozialistischen Gesellschaft einzusetzen, d. h. der Schriftsteller hat sich mit der praktischen Politik der Partei zu identifizieren, also sozialistische Parteilichkeit zu üben, um so mit lit. Mitteln zu einer tieferen sozialistischen Durchdringung der Gesellschaft beizutragen. – Für die DDR wurde 1959 der S. R. durch das → *Bitterfelder Programm* offiziell und verbindlich festgelegt.

Spondeus → *Versfüße, Seite 147*

Spruch, in der mhd. Dichtung ausgeprägte Form, meist politischen, religiösen oder moralischen Inhalts. Die Bezeichnung stammt von Simrock, während im Mittelalter auch diese Dichtung als »liet« bezeichnet wurde (→ *Minnesang*).

Höhepunkt der mhd. S.dichtung bei Walther v. d. Vogelweide. Vorher war auch schon in der germ. Zeit eine Art S.dichtung üblich. Sammlung spielmännischer S.weisheit nach Walther unter dem Namen Spervogel, ebenso Freidanks »Bescheidenheit« (= Verständigkeit, Unterscheidungsvermögen). Bei Freidank findet sich mehr sentenziöse Lebensweisheit und weniger Aktuelles als bei Walther. Es geht ihm mehr um den guten Menschen als um den guten Ritter. Auch der → *Barock* liebt die S.dichtung: Friedrich von Logau und Angelus Silesius. Im 18. Jh. greift Lessing zur S.dichtung, und auch bei Goethe gibt es eine ganze Sammlung »Sprüche gereimt«, sie sind meist im Alter entstanden und bilden ein Gegenstück zu den »Maximen und Reflexionen«.

Stabreim → *Langzeile, Seite 78*

Stanze (von ital. stanza = Zimmer, »Reimgebäude«, Strophe), im Dt. meist achtzeilige Strophe in fünffüßigen Jamben (→ *Versfüße*) mit strenger Reimbindung a b a b a b c c (also zwei → *Terzinen* und abschließendem Paarreim, der die Zusammenfassung gibt). – Beisp. Goethe »Urworte Orphisch«, erste Strophe »Daimon«:

Wie an dem Tag, der dich der Welt verliehen,
Die Sonne stand zum Gruße der Planeten,
Bist alsobald und fort und fort gediehen
Nach dem Gesetz, wonach du angetreten.
So mußt du sein, dir kannst du nicht entfliehen,
So sagten schon Sibyllen, so Propheten;
Und keine Zeit und keine Macht zerstückelt
Geprägte Form, die lebend sich entwickelt.

Stichomythie (von griech. stichos = Vers, Zeile; mythos = Rede, Erzählung), in der griech. → *Tragödie* meist der Höhepunkt einer Dialogszene, in der sich Rede und Gegenrede von Vers zu Vers (oder von Verspaar zu Verspaar) ablösen. Meinung prallt auf Meinung, Argument auf Argument. So ist die S. der reine Ausdruck, die Urform des dramatischen Gesprächs. Auch im dt. → *Drama* gebräuchlich, vor allem in der dt. → *Klassik*.

Stil (von lat. stilus = Schreibgerät, Griffel), die ein lit. Werk bzw. einen Schriftsteller oder auch eine bestimmte lit. → *Epoche* prägende künstlerische Ausdrucksweise. St. hat ein Werk, wenn seine sprachlichen Gestaltungsmittel nach einem einheitlichen inneren Prinzip angewandt wurden und untereinander harmonieren. St. verlangt Einheitlichkeit, deshalb liegt dort ein Stilbruch vor, wo diese Einheit gestört ist.

Die Stiluntersuchung kann sich auf ein Einzelwerk beziehen und es als in sich beruhendes, zeitloses Gebilde interpretieren, doch kommt im Grunde keine zureichende Analyse ohne den Bezug auf die mitwirkenden Momente wie Alterslage (Jugend- oder Altersstil), Generation, Epoche, überlieferte Formen aus. Der Aussagewert eines stilistischen Zuges läßt sich nie isoliert und absolut, sondern immer nur mit dem Blick auf das ganze Text- wie Zeitgeflecht ermitteln, in dem er vorkommt. So kann z. B. eine reihende Satzkonstruktion mit »und . . . und . . . und«

besonnenes episches Fortschreiten, etwa in einer Chronik, in einem Text des →*Sturm und Drang* jedoch auch stürmisches Steigern ausdrücken. Den tatsächlichen Wert einer stilistischen Form zu ermitteln, wird auch durch die Festlegung und konventionelle Überlieferung solcher Formen (→*Topoi*) auf der einen, ihre modische Aktualität auf der anderen Seite erschwert. Für die zureichende Auffassung lit. Texte ist es ferner unerläßlich, ihre stilistischen Eigentümlichkeiten vom Hintergrund des allgemeinen zeitgenössischen Sprachgebrauches abzuheben; dessen genaue Kenntnis ist die Voraussetzung dafür, daß man der bes. Sprachgebärden eines Autors innewird. Der lit. Epochenstil deckt sich keineswegs mit dem zeitgenössischen Sprachgebrauch, er reagiert vielmehr auf diesen, widersprechend oder verstärkend, und wirkt auf ihn zurück. – Kayser empfiehlt, die verschiedenen Schichten einer sprachlichen Gestalt zu untersuchen und ihre stilistischen Aussagen aufeinander zu beziehen: →*Rhythmus,* →*Lautung,* Wort, Wortgruppen, Wortstellung und Satzbau sowie den Aufbau.

Stollen →*Lied, Seite 80*

Strophe (*griech. = Wendung*). Eine bestimmte Zahl von Versen wird in regelmäßig wiederkehrender Zusammenstellung geordnet, ursprünglich durch dieselbe wiederkehrende Melodie bedingt. Ein wichtiges Mittel dieser Ordnung wird der →*Reim.* – Schon der Chorgesang in der griech. →*Tragödie* war durch die Wendungen des →*Chors* gegliedert. Darum ist das Chorlied der griech. Tragödie in »Strophe« und »Antistrophe« eingeteilt.

Die ersten strophischen Gedichte finden wir in den →*Oden* der äolischen →*Lyrik,* die den Reim nicht kennt. Reimlose S. weist auch die Edda auf. Auch Otfried v. Weißenburg dichtet in S., wobei er als erster schon – wenn auch noch primitiv – den Reim verwendet. Im →*Minnesang* wird in Anlehnung an romanische Vorbilder eine hohe Kunst der Strophenbildung entwickelt. Eine besondere Form ist die Kürenberger- oder die →*Nibelungenstrophe* mit acht Kurzzeilen und bestimmter Reimbindung. Die Dichtung der ital. →*Renaissance* bringt viele neue Formen von S., vor allem die →*Stanze,* die →*Terzine* und als eine bestimmte Ordnung von einzelnen Strophen das →*Sonett.* Diese Formen werden im 17. , 18. und 19. Jh. auch von der dt. Dichtung aufgenommen. Der Begriff S. tritt erst im 17. Jh. in Deutschland auf, vorher sprach man von »liet«

und von »Gesätz«. Die Dichtung des →*Barock* kennt eine Menge vielstrophiger Gedichte, vor allem im →*Kirchenlied,* wo in der gottesdienstlichen Übung bis heute irrtümlicherweise die Bezeichnung »Vers« statt S. angewandt wird. Die Lyrik und die Balladen des 18. und 19. Jh. bringen vielfältige Abwandlungen von S.formen.

Struktur (von lat. structura = Gefüge, Schichtung, Aufbau), die kunstvolle Fügung einer Dichtung zu einem Ganzen, in dem alle Momente, die formalen wie die inhaltlichen, miteinander in Beziehung treten. Die S.-Analyse untersucht die verschiedenen Schichten des Wortkunstwerkes.

Bei der S. läßt sich nicht mehr zwischen →*Form* und Stoff unterscheiden, vielmehr zeigen sich alle Momente in einem umfassenden Bedeutungs- und Ordnungsgeflecht voneinander abhängig. Bei komplexen Werken wie →*Epos,* →*Roman,* →*Drama* setzt sich die Groß-S. aus zahlreichen Einzel-S. (→*Strophe,* Gesang, Kapitel, →*Szene,* →*Akt* usw.) zusammen. Groß- und Einzel-S. müssen einander ebenso entsprechen wie die äußere und innere S. etwa eines Handlungsablaufes oder einer Charakterentwicklung.

Die äußere S. kann der inneren parallel gerichtet sein und sie völlig sichtbar machen, so wenn Wallenstein am Schluß sowohl äußerlich in Eger eingeschlossen ist wie innerlich vor seinem notwendigen tragischen Tod steht. Sie kann jedoch auch dem inneren Geschehen widersprechen, es verdecken oder verschweigen. Immer aber wird der wahre Sinn einer Dichtung erst erschlossen, wenn ihre S. erkannt ist.

Die Frage nach der Struktur ist im →*Drama* besonders wichtig, weil das Drama immer auf das Ende hin, nach einem Plan (Struktur) komponiert ist. Beim →*Roman* scheint die S. oft von untergeordneter Bedeutung zu sein. Das →*Epische* läßt hier offenbar einen größeren Spielraum zu.

Sturm und Drang, Bezeichnung für die lit. →*Epoche* von 1760–1785, getragen von einer gegen →*Aufklärung* und erstarrte Konventionen revoltierenden Dichtergeneration und benannt nach einem gleichnamigen Drama von Klinger. Diese lit. Bewegung wird durch die emphatische Dichtweise Klopstocks, die →*Empfindsamkeit* und den Göttinger Hainbund und auch durch Bürger vorbereitet. Auch Rousseau hat stark auf den St. und Dr. gewirkt. Sein Kern ist der Geniekult (→*Geniebegriff*), der den Dichter als urspr. Schöpferkraft feiert und in den Schriften

Youngs, Hamanns und vor allem Herders (über die Volkspoesie, Ossian, Shakespeare) formuliert wird. Er rankt sich um die Gestalten Homers, Pindars, Shakespeares und manifestiert sich in den »großen Kerls« der Dramen: Goethes Götz von Berlichingen, Schillers Karl Moor, Gerstenbergs Ugolino, Leisewitz' Julius von Tarent. Das →*Drama* ist dem Willen zur Aussprache, zum verkündenden Pathos, zum Zusammenstoß dynamischer Gestalten die angemessene Form. Es verfolgt soziale und politische Tendenzen (Lenz »Die Soldaten«: die Verführung junger Mädchen durch die Offiziere; Wagner »Die Kindesmörderin«: das Problem des unehelichen Kindes, das die Gemüter bewegte; Schiller »Kabale und Liebe«: Zerstörung des Liebesglücks durch die Standesunterschiede; Schillers »Fiesko«: politische Freiheit; »Die Räuber«: eine neue gesellschaftliche Moral). Die →*Prosa* herrscht vor. Die Verachtung der überlieferten dramaturgischen Regeln führt zu beliebigem Schauplatzwechsel, lockerem, episodischem Handlungsverlauf, wodurch die Bühnenmöglichkeiten (→*Bühne*) oftmals überschritten werden.

Neben dem am →*Volkslied* geschulten schlichten →*Lied* mit seinem individuellen Rhythmus und seiner sprunghaften Entwicklung (Goethe, Claudius, Hölty, Bürger) äußert sich das emotionale Lebensgefühl des St. und Dr. vor allem in den →*Hymnen* und →*Oden* des jungen Goethe mit ihren →*freien Rhythmen* und kühnen Wortprägungen. Auch die Romanprosa nimmt die neuen Inhalte auf und dient dem Ausdruck subjektiven Erlebens (Goethes »Werther«).

Der Widerspruch gegen alle Regeln läßt gelegentlich auch die grammatikalische Richtigkeit zugunsten des elementaren Ausdrucks fahren (→*Inversion*). Was zuerst vor das geistige Auge tritt, wird auch zuerst gesagt:

> Frisch den holpernden
> Stock Wurzeln Steine den Trott
> Rasch ins Leben hinein!
> (Goethe »An Schwager Kronos«, 1. Fassung)

Im Wunsch nach dem Ungekünstelten, Natürlichen tauchen derb realistische Wendungen und forcierte Kraftausdrücke auf. Gedicht wird Ausdruck und Bewegung. Klopstock entdeckt den →*freien Rhythmus,* der den Sinngehalt steigert, wie überhaupt der Rhythmus, auch in der

Prosa, zum wichtigsten Stilelement des St. und Dr. wird. Dafür wird der Reim geopfert, dessen Wiederklingen die rhythmische Dynamik stört.

Charakteristischer Ausdruck statt zeitloser harmonischer Form bestimmt den Stil: »Diese charakteristische Kunst ist nun die einzig wahre«, schreibt der junge Goethe in dem Aufsatz »Von deutscher Baukunst«, 1773. »Wenn sie aus inniger, einiger, eigner, selbständiger Empfindung um sich wirkt, unbekümmert, ja unwissend alles Fremden, da mag sie aus rauher Wildheit oder aus gebildeter Empfindsamkeit geboren werden, sie ist ganz und lebendig.«

Der St. und Dr. wird durch Goethe und Schiller, die ihn wesentlich mitbestimmt haben, zur → *Klassik* überwunden, doch dankt diese ihm das lebendig-individuelle Moment, das sie vor einem blassen → *Klassizismus* bewahrt. Die → *Romantik* greift in vielem wieder auf den St. und Dr. zurück.

Surrealismus (frz. surréalisme = Überrealismus), nach dem Ersten Weltkrieg in Frankreich entstandene Strömung in der bildenden Kunst und Lit. mit der Zielsetzung, das Überwirkliche, nur z. B. im Traum oder Rausch Erfaßbare, in seiner Verschmelzung mit der Wirklichkeit zum Ausdruck zu bringen. Der S., dem → *Symbolismus* und → *Dadaismus* verwandt, ist der Versuch, inmitten einer sich selbst zerstörenden Welt letzte substantielle Bezirke zu erreichen: eine »Überwirklichkeit« hinter der von Ratio und Egoismus ausgelaugten Oberfläche. Die verschiedenen künstlerischen Verfahrensweisen, wie Traumassoziationen, automatisches Diktat des Unbewußten, Halluzination, Rauscherlebnisse, sind die Medien dazu, nicht Selbstzweck. Auf den Spuren der Psychoanalyse Freuds wird die Inspiration nicht mehr von oben, sondern aus den Tiefen des Unbewußten erwartet. »Alle sind Dichter, sobald sie dem Unbewußten begegnen«, schreibt André Breton 1924 in dem 1. surrealistischen Manifest und lehnt die traditionellen Formen und Mittel der Dichtung ab. Die Alogik und Bildmächtigkeit des Traumes sind Vorbild der Poesie, sie öffnen den Blick für die Schrecken und das Glück, die dem Sein innewohnen. Die Surrealisten wollen keine neue Kunst, sondern eine intensivere Realität: »Alles zielt dahin zu glauben, daß ein bestimmter Punkt existiert, wo das Leben und der Tod, das Wirkliche und Unwirkliche, die Vergangenheit und die Zukunft, das Aussprechbare und das Unaussprechliche, das Obere und Untere nicht mehr als Gegensätze wahrgenommen werden ...« (Breton)

Zu den Vorläufern des lit. S. gehören Baudelaire, Rimbaud, Lautréamont, Apollinaire. Entscheidende Anregungen erhielt er durch die →*Romantik,* vor allem von Novalis und Nerval. Wortführer der Bewegung ist André Breton, die bedeutendsten Dichter sind Paul Eluard, Pierre Reverdy, René Char. Der S. hat auch auf die dt. Lit. ausgestrahlt. Spuren des S. lassen sich u. a. bei Döblin, Hesse, Kafka, Kasack und Nossak finden.

Symbol (griech. symbolon = Erkennungszeichen), ein anschauliches Zeichen, welches etwas vergegenwärtigt, was im Augenblick oder überhaupt nicht anschaulich zu machen ist. Es verweist also auf ein von ihm Bezeichnetes. Das S. im eigentlichen Sinn unterscheidet sich vom →*Bild* dadurch, daß es etwas Unanschauliches vermittelt, was jedoch nur im S. sich zeigen, nicht selbst bildhaft erscheinen kann. S. gibt es in allen religiösen Kulten, wobei der Sinn oft nur den Eingeweihten verständlich ist (Fisch-S. des Christentums). Doch tauchen hier auch aus tiefen Seelenschichten archetypische S. hervor, die überall wiederkehren können (Sonnen-S., S.gehalt der vier Weltrichtungen, Baum-S., Schlangen-S. usw.). Die Tiefenpsychologie hat gezeigt, daß uns alle Dinge zu S. werden könnnen und im Traum jede Einzelheit sinnnbesetzt ist. Welchen Grad von Allgemeingültigkeit ein S. hat, hängt von dem jeweils gültigen S.-Horizont ab. So gibt es z. B. religiös, gesellschaftlich oder politisch bestimmte und fixierte S.

Charakteristisch für religiös überwölbte Epochen wie das Mittelalter oder den → *Barock* ist die Allegorese (→*Allegorie*): Bildzeichen und Gedanke sind einander eindeutig zugeordnet, das Bild ist aus dem gleichwertig gültigen geistigen Kosmos heraus zu entziffern. Dabei bringen die Anschauungswerte des Bildes Momente mit, die in dem abstrakten Gedanken allein nicht faßbar waren, ja, seine eigentliche Leistung besteht darin, alle geistigen und seelischen Kräfte, neben der Einsicht auch Gefühl und Willensethos, in Bewegung zu setzen.

Je mehr die gedanklich-dogmatische Sicherheit des Christentums schwindet, desto unfaßbarer wird der S.gehalt, bis im frz. →*Symbolismus* und im →*Surrealismus* alle Dinge symbolträchtig werden, der symbolische Gehalt jedoch nur noch durch die S.-gestalt selbst, nicht mehr »mit anderen Worten« wiedergegeben werden kann.

Ein S. kann nicht losgelöst von seiner geistigen Welt, z. B. dem Text, in dessen Zusammenhang es erscheint, erfaßt werden, d. h. es kann kein zeitloses Wörterbuch der S.sprache geben. Auch hat das echte S. antinomische Struktur: je nach der ethischen Einstellung dessen, der es gebraucht, zeigt es die lichte oder die dunkle Seite, das Männliche oder Weibliche, das Unter- oder Überirdische, das Vernichtende oder das Rettende usw.

In der →*Romantik* ist das Symbolische Substanz der Dichtung (z. B. Novalis' »blaue Blume«). Im Konkreten spiegelt sich das Unendliche, die Seele wird durch den Anblick der Welt, vor allem der Natur, sehnsüchtig nach der in ihr »erscheinenden« Tiefe, die für uns nur symbolisch erfaßbar ist. – Den extremen Gegenschlag vollführt im späten 19. Jh. der →*Naturalismus,* dem es nur um die unsentimentale, sachliche und wissenschaftliche Darstellung des Gegebenen geht. (Vgl. →*Bild,* →*Form,* →*Metapher,* →*Motiv.*)

Symbolismus (von griech. symbolon = Erkennungszeichen), in Frankreich zu Ende des 19. Jh. entstandene lit. Strömung, die ihre Aussagen durch symbolische Darstellung zum Ausdruck zu bringen versucht. Romantische Impulse werden in der überfeinerten Atmosphäre des Jahrhundertendes des zum →*l'art pour l'art* und zur poésie pure (Mallarmé) kultiviert, die sich aus allen direkten inhaltlichen Vermittlungen lösen (Gegenschlag gegen den stoffbegierigen →*Naturalismus*) und ihre Mitteilungen nur kraft der reinen künstlerischen Mittel, der Magie des Wortes, des Lautes (→*Lautung*), des →*Rhythmus,* der Melodie geben will und auf die unendlichen Symbolverflechtungen der Dinge (→*Symbol*) vertraut. Vor allem bei Verlaine erhält die Sprache fast musikalische Qualität. Wie schon in der →*Romantik* spielen auch im S. die →*Synästhesien* eine große Rolle in der Überzeugung, daß eine verborgene Harmonie aller Dinge besteht und eines das andere vertreten kann (Baudelaires »correspondances«). Der S. ist vor allem auf dem Gebiet der Lyrik fruchtbar geworden. – In Deutschland wirkte er sich im George-Kreis, bei Rilke und Hofmannsthal aus und fließt hier mit der →*Neuromantik* zusammen. – (Vgl. auch →*Rondel.*)

Synästhesie (von griech. synaisthanesthai = zugleich wahrnehmen), die Vermischung oder der Austausch verschiedener Sinneseindrücke als Stilmittel, vor allem in der → *Lyrik*. Am häufigsten gebraucht in der romantischen Lyrik (→*Romantik*), weil hier danach gestrebt wird, die Grenzen aufzuheben. Beisp.: »Golden wehn die Töne nieder« (Brentano »Abendständchen«). Bisweilen dient die S. auch der symbolischen Darstellung.

Synonyme (von griech. syn = zusammen; onoma = Name), sinnverwandte Wörter von in etwa gleicher Bedeutung innerhalb eines Wortfeldes, jedoch verschiedenen etymologischen Ursprungs, z. B. sehen, betrachten, schauen, wahrnehmen, sichten. Das Beisp. verdeutlicht aber auch, daß S. (Singular: Synonym) nie gleichzusetzen sind, sondern in der jeweiligen Bedeutungsnuance einen unterschiedlichen Aussagewert besitzen.

Szene (von griech. skene = Schattenraum, Zelt, im Theater das Zelt hinter der Bühne, später das gesamte Bühnengerüst) wird als Begriff im →*Drama* seit dem →*Humanismus* und der →*Renaissance* nach dem Vorbild des lat. Dramas als eine Unterteilung von →*Akt* bzw. Aufzug verwendet. Im allgemeinen wird Anfang und Ende der S. durch den Zugang oder Abgang von Personen bestimmt, so daß sie einen Abschnitt umfaßt, während dem sich dieselben Personen auf der Bühne befinden. Der dt. Begriff »Auftritt« würde dieser Definition entsprechen. Dieser nach theatertechnischen Gesichtspunkten sich ausrichtenden Definition steht die Gewohnheit mancher Dramatiker gegenüber, während einer S. auch den Wechsel von Personen zuzulassen. Damit wird sie zu einer dramatischen Einheit.

Tagebuch gewinnt als lit. Form in der modernen Lit. wachsende Bedeutung, da seine offene, lockere, Widersprüchliches zulassende Form der modernen Welterfahrung angemessen ist und die Mitteilung konkreter Phänomene in ihrer Unmittelbarkeit, manchmal auch Rätselhaftigkeit erlaubt. Bedeutendstes Beisp. sind die »Tagebücher« Kafkas, die einen Einblick in den austauschenden Zusammenhang von Leben, Traum und Dichtung geben. Erschütternde Zeitdokumente: »Das T. der Anne Frank« und das T. Jochen Kleppers. Vielfach wird das T., das noch für Goethe oder Hebbel völlig privat war, schon im Hinblick auf Veröffentlichung abgefaßt oder redigiert: Carossa »T. im Kriege«, Jünger »Gärten und Straßen«, »Strahlungen«, Erhart Kästner »Zeltbuch von Tumilad«. Das T. gibt auch die Möglichkeit, sich, etwa im Anschluß an äußere Ereignisse, reflektierend mit der eigenen Situation auseinanderzusetzen.

Tagelied, Gattung von Liedern in der mhd. → *Lyrik,* in denen der Tagesbeginn begrüßt oder – noch häufiger – in denen die Ankunft des Tages als Abschied von der Geliebten beklagt wird. T. ist also eine Gattung, die dem Wesen des → *Minnesangs* widerspricht, in dem ja die verehrte »frouwe« viel zu hoch gestellt ist, um von dem Dichter erreicht werden zu können. Das T. ertönt oft auch im Munde des Wächters, der durch den Gesang die Geliebten warnt und sie zur Trennung mahnt.

Takt (von lat. tactus = Berührung), gleichbleibende metrische Einheit zur Gliederung des Verses, in Spannung zum → *Rhythmus*. Der T. besteht aus der → *Hebung* und der T.-füllung (einer oder mehrerer → *Senkungen*). Man unterscheidet: 2teiligen T. (Zweiviertel) x́x, 3teiligen T. (Dreiviertel) x́xx oder schweren 3teiligen T. (Dreihalbe) –––, 4teiligen T. (Vierviertel) x́xxx (auch Dipodie genannt, wenn er auf der 3. Silbe eine Nebenhebung hat: x́xx̀x). – Vgl. die versch. Versmaße (→ *Versfüße*).

Tautologie (von griech. tauto = dasselbe; logos = Wort, Rede), stilistisches Mittel, einen Sachverhalt zwei- oder mehrfach mit zwar gleichbedeutenden, jedoch anderen Worten zu sagen (vgl. → *Synonyme*). Im germ. → *Heldenlied* und im → *Preislied* hat sie den Zweck, das Rühmen zu verstärken und den Helden recht hervortreten zu lassen. Auch dem barocken Stil mit seinem Pathos ist die T. angemessen, bisweilen verwendet auch Schiller sie in dieser Weise. Davon zu unterscheiden ist der Pleonasmus, der ohne stilistischen Wert dasselbe noch einmal sagt, also Überflüssiges hinzusetzt (»voll und ganz«). In ihm enthüllt sich, daß der Sprecher seiner Inhalte nicht ganz sicher ist oder wenig Eigenes zu sagen hat.

Teichoskopie (griech. »Mauerschau«) bezeichnet im → *Drama* eine Situation, in der von der → *Bühne* aus ein Vorgang, der nicht von allen agierenden Personen gesehen werden kann oder will und auch vom Publikum aus nicht beobachtet werden kann, von einer oder mehreren Personen geschildert wird. In den meisten Fällen handelt es sich um

Schlacht- oder Kampfszenen, die nur von einem erhöhten Standort (Mauer, Turm) aus beobachtet werden können. Die Teichoskopie erfüllt eine ähnliche Funktion wie der →*Botenbericht,* etwas, das auf der Bühne nicht gezeigt werden kann oder soll, mit in das Geschehen einzubeziehen.

Tendenzliteratur (von lat. tendere = spannen, ausstrecken, abzielen), Lit., die in allererster Linie den Leser in weltanschaulicher, religiöser, politischer o. ä. Absicht beeinflussen will und deren künstlerische Gestaltung nur Mittel zum Zweck ist. (Vgl. →*Engagierte Literatur,* →*Politische Literatur,* →*Sozialistischer Realismus*)

Terzine (ital. terzina = dreizeiliger Vers), Strophenform aus drei jambischen Versen (meist Fünftaktern) mit dem Schema aba /bcb /cdc / usw., so daß eine »Kette« entsteht. Im allgemeinen steht noch ein isolierter Schlußvers, der auf den Mittelvers der letzten Strophe reimt: yzy / z. Diese Regel wird jedoch nicht immer durchgehalten. Die Form kommt aus der ital. →*Renaissance,* vor allem von Dante, wird in der →*Romantik* wieder aufgenommen (bes. durch Chamisso), dann verwendet bei Liliencron und Hofmannsthal.

Tetralogie (von griech. tettares = vier; logos = Wort, Rede), im antiken griech. Theater die Folge von drei →*Tragödien* (→*Trilogie*) und einem Satyrspiel; heute auch Bezeichnung für ein aus vier selbständigen Teilen bestehendes lit. Werk.

Text (lat. textus = Gewebe, Geflecht), allgemeine Bezeichnung für das Ganze eines lit. Werkes, ohne damit bereits etwas über die Zugehörigkeit zu einer bestimmten lit. →*Gattung,* die Intention des Autors, die sprachliche Gestaltung oder andere wesentliche Merkmale auszusagen; im weiter gefaßten Sinn meint T. alle sprachlich fixierten Äußerungen im Rahmen der →*Kommunikation.*

Theater (griech. theatron = Schauplatz), Sammelbegriff für alles auf einer →*Bühne* künstlerisch Dargestellte, darüber hinaus die baulichen Voraussetzungen, die diesem Zweck dienen.

Topos (griech. = Ort, Stelle), Plural: Topoi; T. sind feste »Clichés oder Denk- und Ausdrucksschemata« (Curtius), →*Metaphern,* →*Bilder,* Redewendungen usw., die aus der antiken Lit. und Rhetorik stammen und die sich über das Mittelalter in die neue Lit. herüber erhalten haben. Oft ist die Kenntnis der Herkunft eines T. zur →*Interpretation* einer Dichtung unbedingt notwendig, wenn man nicht zu falschen Schlüssen kommen will. Wie ein T. ursprünglich eine individuelle Erfindung war, so kann er auch durch bedeutsame Verwendung in einem Textzusammenhang neues Leben gewinnen, darf also nicht ohne weiteres als Klischee abgetan werden.

Tragik (griech. tragike techne = Kunst der → *Tragödie*) beruht entweder auf dem Ausgeliefertsein des Menschen an ein übermächtiges Schicksal oder auf einem für ihn unausweichlichen Konflikt sittlicher Werte, der ihn in Leid oder Vernichtung stürzt.

T. ist zunächst, wie die Komik, kein ästhetisches Phänomen, sondern eine Weise der Weltsicht, daher in allen dichterischen → *Gattungen* möglich: »Bei jedem echt tragischen Vorkommnis sehen wir über das Vorkommnis selbst, das uns tragisch erscheint, dunkel hinaus auf dauernde, mit dem Wesen der Welt bereits gegebene Faktoren, Zusammenhänge, Kräfte, die ›so etwas‹ möglich machen.« (Scheler) Das tragische Bewußtsein ist wohl zuerst in der attischen Tragödie gefaßt worden nach dem Verlust des homerischen Glaubens, der das menschliche Dasein unter dem Schutz der Götter geborgen sah. Unvermeidlich verstrickt sich der Mensch in Schuld (Hamartia) und wird von den Göttern bestraft (Aias und Ödipus), doch in seinem äußeren Zusammenbruch kann er zu innerer Größe emporwachsen, wenn die Verblendung von ihm abfällt und er sehend wird. Tod kann der Sieg sein, wie im Fall der Antigone, die, dem göttlichen Gebot gehorsam, untergeht und darin seine Wirklichkeit aufs neue erweist, während Kreon der tatsächlich vom Schicksal Geschlagene ist.

Das Tragische wird in vielen → *Poetiken* mit Hilfe des Schuldbegriffs bestimmt als willentlich-unwillentliches Schuldigwerden, für das der Mensch mit seinem Untergang büßt. Dabei besteht die Gefahr, daß »Schuld« moralisch gefaßt und das schicksalhafte Moment übersehen wird. Der idealistischen Auffassung nach wächst das Tragische aus dem Zusammenstoß zwischen übermächtigem Schicksal und der Freiheit des einzelnen, in dem der tragische Held sich scheiternd behauptet. Nach Scheler geht die T. aus dem Konflikt gleichrangiger erhabener Werte in einem Menschen oder in verschiedenen Trägern hervor. Am elementarsten drückt Staiger das Wesen des Tragischen aus: Tragisch wird ein Dasein, dessen Sinnmitte gestützt wird, das »seinen Halt, das letzte Ziel, worauf es ankommt«, verliert. »Damit das Tragische als eigentliche ›Welt‹-Katastrophe eintreten kann, muß eine Welt erschlossen und als umfassende Ordnung verstanden sein. Soll das Tragische wirksam werden und seine tödliche Kraft ausstrahlen, so muß es einen Menschen treffen, der konsequent in der Idee lebt und von der Gültigkeit der Idee sich nicht das Geringste abmarkten läßt.«

Tragikomödie (etymologisch: vgl. →*Tragik,* →*Komödie*), ein →*Schauspiel,* in dem tragische und komödienhafte Elemente miteinander verschmolzen sind. Die T. entspringt einer zwiespältigen Welterfahrung, die im Komischen einen tragischen Zug und im tragischen Geschehen ein grotesk-humoristisches Moment erfaßt. Die T. bewegt sich am Rand des Tragischen, doch bleibt meist die Katastrophe aus. Komik und Tragik steigern sich im wechselseitigen Kontrast. – Lessing legt der T. ein Geschehen zugrunde, in dem »der Ernst das Lachen, die Traurigkeit die Freude oder umgekehrt so unmittelbar erzeugt, daß uns die Abstraktion des einen oder anderen unmöglich fällt.« – Wirkliche T. sind in der zurückliegenden dt. Lit. selten (u. a. Kleist »Amphitryon«, Hauptmann »Die Ratten«).

In der Gegenwart, in der das →*Groteske* als Darstellungsform auch im →*Drama* an Bedeutung gewonnen hat (vgl. →*Absurdes Theater*), ist ein Neuansatz der T. zu beobachten, wobei in der dt. Lit. sich vor allem Dürrenmatt einen Namen gemacht hat (u. a. »Der Besuch der alten Dame«, »Die Physiker«). Dürrenmatt versucht in seinem →*Essay* »Theaterprobleme«, die T. auch theoretisch zu begründen, wenn er dabei u. a. die Ansicht vertritt, in unserer im Umbruch begriffenen Welt sei die →*Tragödie* nicht länger mehr möglich, da sie eine gestaltete Welt voraussetze, und daraus folgert: »Uns kommt nur noch die Komödie bei ... Doch ist das Tragische immer noch möglich, auch wenn die reine Tragödie nicht mehr möglich ist. Wir können das Tragische aus der Komödie heraus erzielen, hervorbringen als einen schrecklichen Moment, als einen sich öffnenden Abgrund.«

Tragödie (griech. tragodia = Bocksgesang), → *Drama,* das einen tragischen (→*Tragik*) Konflikt gestaltet, der zum Untergang des Helden führt. Ursprünglich bezeichnete T. ein Chorlied beim Opfer eines Bockes an den Dionysosfesten in Athen. Aus diesen im kultischen Bereich liegenden Wurzeln ist die T. entstanden. Dem Chor trat ein Schauspieler gegenüber, der Protagonist, später folgt ein zweiter und ein dritter, der Deuteragonist und Tritagonist. Mit diesen drei Schauspielern kam die T. bis Euripides aus. Im einzelnen erwacht das Bewußtsein, daß das menschliche Dasein fehlerhaft (Hamartia) und einem übermächtig waltenden Schicksal ausgeliefert ist, und sucht sich in der T. seinen Ausdruck. Aristoteles bezeichnet sie als »die nachahmende Darstellung einer ernsten und in sich abgeschlossenen Handlung, die eine gewisse Größe hat, in kunstvollem Stil, der in den einzelnen Teilen sich deren besonderer Art anpaßt, einer Handlung, die nicht bloß erzählt, sondern durch handelnde Personen vor Augen gestellt wird und die durch Mitleid und Furcht erregende Vorgänge die Auslösung dieser und ähnlicher Gemütsbewegungen bewirkt.« → *Katharsis*.

Zum künstlerischen Bau der T. gilt sinngemäß das über das Drama Bemerkte. Sie duldet noch weniger als dieses episodisches Verweilen und Selbstwert der Einzelteile, vielmehr entwickelt sich ihre Handlung aus innerer Notwendigkeit bis zum Umschlag in die Katastrophe.

Höhepunkte der europ. T., die auch soziologische und religiöse Voraussetzungen haben, sind:

Die griech. T. mit Aischylos, Sophokles und Euripides, den drei großen attischen Tragikern am Ende des 5. Jh. Das Ungenügen an dem naiven homerischen Götterglauben gibt die Grundlage. Doch wird noch mit der strafenden Hand der Götter gerechnet. Der Mensch verfällt in → *Hybris* und wird dafür von den Göttern bestraft. Dahinter aber ist das furchtbare Walten des Schicksals spürbar (Tyche), dem auch die olympischen Götter unterworfen sind. So gesehen steht die griech. T. auf einem Lebenshintergrund der Verzweiflung. Der Mensch ist einem zerstörenden Schicksal ausgesetzt: Jeden Tag kann auch dich dieses Schicksal treffen. Doch besitzt der Mensch Größe, um dieses vom Schicksal und den Göttern verhängte Los auf sich nehmen zu können (Ödipus). Die Ordnung ist nicht zerstört, die Übereinstimmung mit dem Willen der Götter ist der Sieg über die Welt (Antigone). Die Entwicklung von Aischylos zu Euripides ist der Verlust des → *Mythos* und der Weg zum Rationalen.

Shakespeare: Soziologisch bestimmt durch die politischen Verhältnisse der Elisabethanischen Epoche. Shakespeare ist der Dichter des Individuums, das in eine tragische Situation gerät, während in der griech. T. der Mensch als Typus vor uns steht. Der Held ist auf sich selbst gestellt. Doch sucht auch Hamlet die zerstörte Ordnung wiederherzustellen. Die Tragik entspringt mehr aus der psychologisch bedingten Handlungsweise des Menschen.

Schiller: Der Mensch rettet seine Sittlichkeit mit dem Tod. Das Sittengesetz ist ein Unbedingtes, das den Menschen in seiner Körperlichkeit zwar zerstört, das ihn aber in seiner Idee und im Geistigen triumphieren läßt. Hinter der Grenzlinie zwischen Leben und Tod ist die Tragik aufgelöst. Beisp. für eine solche Haltung sind Ferdinand (»Kabale und Liebe«), Marquis Posa (»Don Carlos«) und Max (»Wallenstein«). Wallenstein rückt mehr in die Nähe der griech. T.: Hybris, Ahnen des eigenen Todes und tragische Größe, die den Tod auf sich nimmt.

Kleist: Der Mensch fällt aus der Sicherheit des Gefühls, die die Erfüllung seiner Persönlichkeit und seines Wesens ausmacht. Diese Erfüllung der Persönlichkeit ist aber kaum mehr ein Einssein mit dem göttlichen Willen. Denn hinter dem Tod der Penthesilea gähnt der Abgrund. Sie stirbt nicht im Bewußtsein, einem Gesetz zu gehorchen. Hier haben wir die tiefste Tragik. Hinter der Katastrophe steht die Hoffnungslosigkeit. Es ist keine Heilung aus der Natur (Goethe) und aus dem Sittengesetz (Schiller) mehr möglich.

Hebbel: Der Tragiker der geschichtlichen Wendepunkte. Neue sittliche Maßstäbe bringen eine Zerstörung in die Beziehungen der Menschen, vor allem der Geschlechter. Trotzdem ist hier auch noch eine Welt des Unbedingten sichtbar, es herrschen nicht nur gegenseitiges Unverständnis und gegenseitige Zerstörung. Hinter der Handlungsweise der Rhodope (»Gyges und sein Ring«) steht eine Ordnung, die, ähnlich wie bei Schiller, stärker ist als alles Menschliche. Nirgends ist die Konsequenz der Aufdeckung der Wahrheit so weit getrieben wie in dieser T. Hebbels. Ähnliches gilt auch für »Herodes und Mariamne«. Reines Unverständnis und Nicht-Umdenkenkönnen führen in Hebbels bürgerlichem Trauerspiel »Maria Magdalena« zur Tragik.

Der Determinismus des →*Naturalismus* scheint echte Tragik auszuschließen. In Hauptmanns »Michael Kramer« ist der Sohn keine tragische Figur, da hier alles determiniert ist; aber der Vater wehrt sich, obwohl kein anderer Ablauf möglich gewesen wäre (oder doch?), gegen diese Bestimmung. Ähnlich ist Helene in »Vor Sonnenaufgang« von Hauptmann eine tragische Figur, denn sie sieht noch einen Sinn und wehrt sich gegen ihre Umwelt. Moderne Tragödien? »Der Tod des Handlungsreisenden« von Arthur Miller: dem planenden Menschen wird alles aus der Hand genommen, was er getan hat. Tragik auch in Zuckmayers »Des Teufels General«: Konsequente Entwicklung der Figur, aus Charakter und Handeln; weil er innerlich nicht mehr anders kann (was ist es anders als ein sittliches Gesetz? Die Nähe Schillers ist deutlich), geht er in den Tod. – Tragik auch bei Eugene O'Neill: Die Menschen suchen nach dem Sinn in einer schrecklichen Welt und zerbrechen daran.

Trauerspiel, vielfach dt. Bezeichnung für → *Tragödie;* im engeren Sinn ist dieser Begriff jedoch nur dann anwendbar, wenn es sich nicht um die Darstellung tragischer (→ *Tragik*), sondern lediglich trauriger Begebenheiten handelt. Im → *bürgerlichen Trauerspiel* ist allerdings die eindeutige Abgrenzung zur Tragödie problematisch.

Trikolon (griech. treis, tria = drei; kolon = Glied), (vgl. → *Kolon*), dreigliedriger Ausdruck, meist mit Steigerung (→ *Klimax*), wohl letzten Endes kultischem Brauch entsprungen (ein Fluch und eine Bitte an die Götter müssen dreimal gesprochen werden, um wirksam zu sein). Das T. ist vielleicht das häufigste Stilmittel der griech. und röm. Kunstprosa und auch der Dichtung (vor allem bei Horaz). Auch in der dt. Lit. wird es nicht nur als Übernahme, sondern als ursprüngliche, eindrucksvolle und bedeutsame Form überall verwendet, z. B. als lyrisch-musikalisches Stilmittel in der romantischen Lyrik, wo es am weitesten von seinem Ursprung entfernt ist (»Nacht ist wie ein stilles Meer, Lust und Leid und Liebesklagen.« Anfang von Eichendorffs Gedicht »Die Nacht«).

Trilogie (griech. treis, tria = drei; logos = Wort, Rede), lit. Werk aus drei eigenständigen, gleichartigen, inhaltlich zusammengehörenden Teilen, die so einen → *Zyklus* bilden; vor allem im → *Drama,* aber auch in der → *Epik* gebräuchlich (Roman-T.) – Die T. hat ihren Ursprung in der Aufführungsweise der griech. → *Tragödie:* eine Folge von drei Tragödien, die jeweils an einem Tage bei den Dionysosfesten in Athen gespielt worden sind, und zwar als Wettbewerb, zunächst aus demselben mythischen Stoffbereich, gewissermaßen als Fortsetzung (die Atriden-T. des Aischylos, die einzige, ganz erhaltene T., besteht aus den drei Tragödien »Agamemnon«, »Die Choephoren«, »Die Eumeniden«); doch schon

Sophokles bringt T. mit nichtverwandten Stoffen. – Das den drei Tragödien folgende Satyrspiel (Maskenschwank) erweitert die T. zur Tetralogie. Beisp. aus der dt. Lit.: Schiller »Wallenstein«, Hebbel« »Die Nibelungen«. – Vgl. → *Tetralogie.*

Trimeter (griech. treis, tria = drei; metron = Maß), in der griech. → *Metrik* ein Vers aus drei Grundmaßen, besonders drei jambischen Doppelfüßen (→ *Versfüße*). Er ist der Dialogvers des griech. Dramas und zeichnet sich durch seine getragene Breite und die reichen Variationsmöglichkeiten aus. Die Römer übernehmen ihn als Senar für ihre Tragödien. In der dt. Dichtung kommt er als reimloser sechshebiger Vers bisweilen in der dt. → *Klassik* vor, wird aber i. a. nur selten verwendet.

Triolett (von ital. trio = drei und dem frz. Verkleinerungssuffix), frz. Gedichtform, aus acht Zeilen bestehend, wobei die erste Zeile als 4. und 7. Zeile wiederholt wird (bisweilen in leicht abgewandelter Form), die zweite als achte. Die beiden ausschließlich zulässigen Reime verteilen sich a b a a a b a b (→ *Rondeau*, → *Rondel*).

Trivialliteratur (von lat. trivium = Ort, an dem drei Wege zusammenstoßen, Kreuzung bzw. trivialis = was auf dem Weg zu finden und jedem zugänglich ist), wertlose, seichteste Form der Unterhaltungslit.

Züge von T. zeigen schon die improvisierten Shakespearestücke der Wanderbühnen des 17. Jh. Seit dem 18. Jh. wächst mit dem Lesebedürfnis des emanzipierten Bürgertums die Produktion von T. an. Trivialromane erlebten im 18. Jh. bereits große Auflagen (z. B. der berühmte Roman »Rinaldo Rinaldini« von Goethes Schwager Vulpius), und die Schauer- und Schicksalstragödien wurden öfter gespielt als die Dramen der Klassiker.

Im 20. Jh. gewinnt die T. durch die Massenmedien der Illustrierten, des Films, des Fernsehens eine viel weiter reichende gesellschaftliche Wirkung als je zuvor. Zwar ist T. zunächst vor allem durch den Druck verbreitetes Erzählgut, doch adaptieren Film und Fernsehen nicht nur die Stoffe der T., sondern auch ihre sprachlich-stilistischen Kategorien, wie z. B.: Verwendung bestimmter, immer wiederkehrender Requisiten und Kulissen; stereotype und dabei oft widersprüchlich geschilderte Charaktere (z. B. der tatkräftige junge Mann, der clevere Arzt, die duldend passive Ehefrau); Vereinfachung psychologischer Vorgänge oder überhaupt Verzicht auf psychologische Probleme; Beachtung erotisch-sexueller Tabus; Linearität der Handlung; viele Topoi (→*Topos*) (z. B. die reiche Erbin verläßt das Elternhaus und folgt dem armen Freund, Lösung ohne Schuld durch den »schönen Zufall«); klischeehafte, illusionäre Darstellung der Wirklichkeit trotz sachlicher Genauigkeit im Detail: Analogie zum Illustriertenbericht mit sensationellen Einzelheiten über das Leben der high society und Bevorzugung der »human-interest-story«.

T. ist »Konformliteratur«. Ihr Autor richtet sich nach dem Geschmack breitester Leserschichten; er will zum Lesekonsum reizen, nicht die Auseinandersetzung mit Problemen und die Veränderung von Bewußtsein bewirken. Der illusionäre Charakter der T. verführt den Leser zur leichten Identifikation mit dem Geschehen und damit zur Flucht aus seiner Realität. Bei der Produktion von T. gibt es den vom Verleger nach kommerziellen Gesichtspunkten »gelenkten« Autor und das Autorenteam. Die Manuskripte werden auf Bestellung verfaßt, in kurzer Zeit gedruckt und als »leichte Ware« über die festgelegten Kanäle der Kioske, Leihbüchereien, Lesezirkel, Buchgemeinschaften vertrieben.

Die Abgrenzung der T. gegenüber der Unterhaltungslit. auf der einen Seite und der gehobenen Lit. auf der anderen ist eine Frage der stilistischen Kategorien (s. o.) und des Wahrheitsanspruches.

Vgl. →*Comics,* →*Schlagertext.*

Trochäus →*Versfüße, Seite 147*

Understatement (engl. = Untertreiben, Unterbewertung), eine stilistische Verhaltensweise vor allem der modernen Lit., die auf die Fülle der verfügbaren stilistischen Mittel aus Gründen innerer Wahrhaftigkeit verzichtet. Das Pathetische und Gefühlvolle wird abgeschnitten, aber auch die direkte Schilderung zugunsten der Andeutung durch das Nebensächliche aufgegeben. Der Autor, insbes. der Romanautor, meint nicht mehr, wie im 19. Jh., seine Welt zu überschauen und allwissend über den Figuren stehen zu können; angesichts einer vielschichtigen, unabsehbaren Wirklichkeit zieht er sich auf den kleinen Umkreis, das genau erfaßbare Detail, die beschränkte Perspektive zurück.

Ungebundene Rede →*Prosa, Seite 105*

Untergrundtheater (Lehnübersetzung von engl. undergroundtheatre). »Underground« in jeder Form (als Happening, Filmveranstaltung, Aktionen auf kleinen Bühnen oder in der Popliteratur, → *Popkunst*) opponiert gegen die bürgerliche Gesellschaft und besitzt damit meist einen politischen Aspekt. Die »neue Bewegung« ist in Amerika entstanden, als Protest gegen den american way of life. Die Autoren des U. sind der »Antitradition« und der »Anti-Establishment-Revolution« verpflichtet. Sie sehen sich im Gegensatz zum Broadway-Drama, das die Dramen von Ibsen bis O'Neill spielt. Die Stücke der U. entspringen der Phantasie und der Situation. »Ihre Realität ist die der unverdorbenen, dem Kind gegebenen Einblicke ins Leben.« U. verfährt mehr psychoanalytisch als psychologisch. Die Schauspieler sollen kreativ und »naiv« agieren. U. soll der Improvisation nahekommen, und die Stücke erhalten erst im Laufe ihrer Darbietung eine feste Form, so daß sie schließlich auch publiziert werden können. U. kann überall gespielt werden, auf Speichern und in Kellern, es braucht kein Theatergebäude. Es soll ein Abbild der gewandelten technologischen und sozialen Wirklichkeit unserer Zeit sein. Oft bedient man sich der → *Parodie,* der Persiflage auf die alte Theatertechnik und die Theatertradition, die künstlerischen und gesellschaftlichen Klischees.

Unterhaltungsliteratur, oft in einem etwas verächtlichen Sinn gebrauchter Begriff für jenen Bereich der Lit., der, ohne echte Probleme aufzugreifen oder auf gedankliche Vertiefung abzuzielen, lediglich unterhalten will. U. schließt schriftstellerische Qualitäten durchaus nicht aus. Die Grenzen zur gehobenen Lit. einerseits und → *Trivialliteratur* andererseits sind fließend.

Utopie (von griech. u = nicht; topos = Ort), nach Thomas Morus Roman »Utopia« gebildete Bezeichnung für die romanhafte Darstellung idealer oder satirisch-kritische Schilderung befürchteter Verfassungen von Gesellschaft und Staat in einer unbestimmten (zukünftigen) Zeit und an fiktivem Ort. Die Staatsromane des 17. und 18. Jh., die ihr Vorbild in Platons »Politeia« haben, gehören ebenso hierher wie die Fürstenspiegel des Mittelalters und der → *Renaissance,* deren Muster Xenophons »Kyrupädie« ist. Die U. blüht in Zeiten staatlich-gesellschaftlicher Umbrüche: so im 16./17. Jh., als sich die modernen Nationalstaaten herausbildeten (Th. Morus, s. o., Campanella »Sonnenstaat«, F. Bacon »Nova Atlantis«, und viele andere), und wieder in unserer Zeit, die von den Aussichten auf eine total verwaltete, kollektivierte Gesellschaftsordnung geängstigt wird (Huxley »Brave New World«, Orwell »1984«, Werfel »Stern der Ungeborenen« usw.).

Vagantendichtung (von lat. vagari = umherschweifen), Verse aus dem Mittelalter, meist von fahrenden Scholaren (Studenten, Klerikern) gedichtet und gesungen: frohe Lebensstimmung, Trinklieder, oft sehr derb, politische Sprüche (→ *Spruch*). Spiellieder, ungezügeltes Gefühl, derbe Diesseitsfreudigkeit, oft auf dem Hintergrund des Todes und des Jenseits. Zeugnisse: »Carmina burana« (vgl. Orffs berühmte Vertonung) 12. Jh., in Lat. und Mhd.; die lat. Gedichte des sog. Archipoeta (= Erzdichter), davon am berühmtesten seine »Vagantenbeichte«; Fortsetzung der V. bei dem Franzosen François Villon (1430–1463). Villon hat vor allem auf die Expressionisten (→ *Expressionismus*) und auf das »Überbrettl«, d. h. auf das lit. Kabarett, gewirkt (Wedekind, Bierbaum), aber auch auf die Songs von Brecht, der ihn übersetzt hat.

Verfremdung, das Fremdwerden des selbstverständlich Vertrauten, Abfallen der gewohnten Blickeinstellung auf Dinge oder Personen. Verfremdet zeigen sich die Dinge vor allem in nichtklassischer Dichtung und Kunst (Manierismus). Darin meldet sich der Zwiespalt zwischen Subjekt und Objekt, Ich und Welt: Die gewohnten Begriffe und Wahrnehmungsschemata versagen angesichts einer widersprüchlichen oder gar absurden Realität. In der modernen dt. Lit. zuerst von Rilke (»Malte Laurids Brigge«) und Hofmannsthal (»Brief des Lord Chandos«) verspürt. In Kafkas »Verwandlung« eines Durchschnittsmenschen in ein Insekt wächst das Entsetzen. Brechts »Guter Mensch von Sezuan»« muß sich in zwei Personen, eine hilfsbereite, aber ohnmächtige und eine lebenmeisternde, egoistische spalten, um der Situation gewachsen zu sein. – Aber auch im Staunen wirkt V. mit als Aussetzen des konventionellen Verstehens.

Zur bewußten künstlerischen Technik hat Brecht die V. ausgebildet mit dem Ziel, die Schauspieler aus dem Illusionsspiel zu lösen und die Zuschauer zum Nachdenken über das Gezeigte anzuhalten. »Die neuen V. sollten nur den gesellschaftlich beeinflußbaren Vorgängen den Stempel des Vertrauten wegnehmen, der sie heute vor dem Eingriff bewahrt. Das lange nicht Geänderte nämlich scheint unänderbar. Allenthalben treffen wir auf etwas, das zu selbstverständlich ist, als daß wir uns bemühen müßten, es zu verstehen ... wer mißtraut dem, was ihm vertraut ist? Damit all dies viele Gegebene ihm als ebensoviel Zweifelhaftes erscheinen könnte, müßte er jenen fremden Blick entwickeln, mit dem der große Galilei einen ins Pendeln gekommenen Kronleuchter betrachtete. Den verwunderten diese Schwingungen, als hätte er sie so nicht erwartet und verstünde es nicht von ihnen, wodurch er dann auf die Gesetzmäßigkeiten kam. Diesen Blick, so schwierig wie produktiv, muß das Theater mit seinen Abbildungen des menschlichen Zusammenlebens provozieren. Es muß sein Publikum wundern machen, und dies geschieht vermittels einer Technik der V. des Vertrauten ... Der Schauspieler soll seine Rolle in der Haltung des Staunenden und Widersprechenden lesen. Geht er auf die Bühne, so wird er ... zu dem, was er macht, noch etwas ausfindig machen, was er nicht macht; das heißt, er spielt so, daß man die Alternative möglichst deutlich sieht ... Das, was er nicht macht, muß in dem enthalten und aufgehoben sein, was er macht ... Der Schauspieler läßt es auf der Bühne nicht zur restlosen Verwandlung in die darzustellende Person kommen. Er ist nicht Lear, Harpagon, Schweijk, er zeigt diese Leute ...« (Brecht »Schriften zum Theater«)

Vergleich stellt die Beziehung zwischen zwei Bereichen her, zwischen denen irgendeine Gemeinsamkeit besteht (tertium comparationis), und wird häufig mit »wie – so« eingeleitet. Er dient nicht nur der Verdeutlichung eines Sachverhaltes, sondern in der Dichtung auch der Anreicherung einer Aussage mit Gehalt, ähnlich wie →*Bild,* →*Metapher,* →*Symbol,* und dem Ausdruck der verborgenen Entsprechungen zwischen den Dingen. In einfachster Form: »tief wie das Meer«, in dichterischer Aussage: »Nacht ist wie ein stilles Meer«, »Wünsche wie die Wolken sind« (Eichendorff »Die Nacht«).

In Eichendorffs »Mondnacht« bildet der V. die Gedichtform, auch grammatisch (»Es war, als hätt' der Himmel die Erde still geküßt ...«). Ausführliche V. sind dem epischen Stil angemessen – Homer:

> Ging dann einher wie ein Leu des Gebirgs, voll Kühnheit und Stärke,
> Welcher durch Regen und Sturm hindurchwandelt.
>
> (»Odyssee«)

Der V. verselbständigt sich hier gemäß dem Wesen des Epischen. Oder Vergil:

Und grauenvolles Geschrei hochauf zu den Sternen erhebt er.
So wie Gebrüll auftönt, wenn blutend der Stier vom Altare
Floh und die wankende Axt dem verwundeten Nacken entschüttelt.
(»Äneis«)

Ein Gleichnis entsteht, wenn die Analogie ganz streng durchgeführt ist, meist mit belehrender Absicht (Gleichnisse der Bibel).

Vers (lat. versus = das Umwenden, gepflügte Furche, Reihe, Linie, Zeile), durch das →*Metrum* rhythmisch gegliederte, oft mit einem →*Reim* endende kleinste Gliederungseinheit einer Dichtumg in →*gebundener Rede;* die Zeile einer →*Strophe.*

Vers commun (frz. = gewöhnlicher Vers), gereimter fünffüßiger Jambus:

Nur, ob der Mann noch da ist, noch so scharf
Sie anzuschaun sich unterstehen darf?
(Aus »Clelia und Sinibald« von Wieland)

In der frz. Dichtung des 15. und 16. Jh. häufig gebraucht, der dt. von Opitz empfohlen, wird er im →*Barock* als beherrschender Vers vom →*Alexandriner* abgelöst und später im →*Blankvers* wieder aufgenommen, der freilich ungereimt ist. Im 18. Jh. wird der V. c. vor allem von Wieland verwendet.

Versfüße, nach der antiken quantitierenden →*Metrik* benannt, setzen sich dort aus langen und kurzen, im Dt. aus betonten und unbetonten Silben zusammen.

1. Jambus: unbetont – betont. Belebende Metren, frisch und dynamisch:

Es schlúg, mein Hérz, geschwínd zu Pférde!
(Goethe »Willkommen und Abschied«)

Wichtige jambische Versmaße:
a) fünffüßiger Jambus ungereimt: →*Blankvers,*
b) fünffüßiger Jambus gereimt: →*Vers commun,*
c) jambischer →*Trimeter,*
d) sechsfüßiger Jambus mit Mittelzäsur: →*Alexandriner,*
e) vierfüßiger Jambus gereimt: →*Knittelvers.*

2. Trochäus: betont – unbetont. Gibt dem Vers etwas Festes, der Erde Verhaftetes, Gemäßigtes, weit Schwingendes:

Fést gemáuert ín der Érden
(Anfang von Schillers »Glocke«)
Fǘllest wíeder Búsch und Tál
(Goethe: »An den Mond«)

Trochäische Maße wurden vor allem aus der span. Lit. übernommen:

a) Der trochäische Viertakter ist durch Herders »Cid« in die dt. Lit. gekommen:

Tráuernd tíef saß Dón Diégo (Herder),

benützt von den Übersetzern und Nachahmern des span. Dramas (Grillparzer, Hofmannsthal).

b) Fünfhebiger Trochäus: z. B. in Goethes Bearbeitung der südslawischen Ballade von Asan Aga:

Glǘcklich kámen síe zur Fǘrstin Háuse.

c) Der achtfüßige Trochäus wurde in der antiken Tragödie und Komödie verwendet und durch Platens Lustspiele in die dt. Lit. eingeführt (z. B. in »Die verhängnisvolle Gabel«).

3. Daktylus: betont – unbetont – unbetont. Charakter der Verse bewegt, Tanzlieder im Dreivierteltakt, Imitation von Pferden usw., aber auch gegenteilige Wirkung.

Nä́chtliche Stílle! Héilige Fülle
(Hebbel »Die Weihe der Nacht«)

Daktylischer Sechsfüßer: → *Hexameter* und *Pentameter* (→ *Elegie*).

4. Anapäst: unbetont – unbetont – betont. Der Auftritt des Chores in der griech. Tragödie steht meist in Anapästen. Oft nicht rein als anapästisches Maß, sondern im Wechsel mit dem Jambus gebraucht und daher eher dem → *Rhythmus* der dt. Sprache entsprechend; er kommt dabei auch in die Nähe der germ. Füllungsfreiheit (germ. → *Langzeile*). Der Anapäst belebt und hat die gleiche Wirkung wie der daktylische Rhythmus:

Nur éiner der tríppelt und stólpert zulétzt
Und táppelt und grápst an den Grǘften.
(Goethe »Der Totentanz«)

Andere Metren der griech. Lyrik sind der
Creticus (lange, kurze, lange Silbe),
der Baccheus (kurze, lange, lange Silbe),
der Choriambus (lange, kurze, kurze, lange Silbe),
der Jonicus (kurze, kurze, lange, lange Silbe; bzw. lange, lange, kurze, kurze Silbe),
der Spondeus (lange, lange Silbe), der in der dt. Dichtung mit dem Trochäus zusammenfällt.

Aus diesen Metren setzen sich vor allem die Odenformen zusammen (→*Ode*). – Vgl. →*Kadenz,* →*Metrik,* →*Prosodie,* →*Rhythmus,* →*Takt.*

Volksbücher, spätmittelalterliche Prosafassungen epischer Dichtungen wie des »Tristan«, »Wigalois«, »Herzog Ernst«, des Nibelungenliedes (1528 als »Gehörnter Siegfried« erschienen). Auch aus frz. Epik bzw. frz. Liebesromanen und -novellen (»Kaiser Octavianus«, »Flor und Blancheflor«, »Die Haimonskinder«, »Melusine«, »Die schöne Magelone«, »Genoveva« u. a.) und aus antiker Überlieferung beziehen die V. ihre Stoffe. Hinzu kommen volkstümliche Schwank- und Narrengeschichten, wie sie sich um bestimmte Persönlichkeiten rankten (Dr. Faust, Till Eulenspiegel, der Pfaffe vom Kalenberg). Nur im Fall der »Schildbürgerstreiche« wird mündlich umlaufendes Erzählgut von einem lit. Kundigen zusammengefaßt (im »Lalenbuch« 1597). – Vgl. →*Epos.*

Der aufblühende Buchdruck fördert die Verbreitung der V. Bis ins 19. Jh. hinein stillen immer neue Auflagen in billigster Ausstattung den Lesehunger breiter Schichten. Das V. vom Dr. Faust ist eine der Quellen für Goethes »Faust«.

Die Romantiker schätzen die V. als Äußerungen des unbewußt schaffenden Volksgeistes, obwohl ihre Vorstellung nicht mit der Lit.geschichte übereinstimmt (→*Volksdichtung*), und machen die V. durch Neubearbeitungen wieder lit.fähig. Die V. bilden, wenn auch ganz im Stofflichen befangen, eine erste Welle lit. →*Prosa* und bereiten den neuzeitlichen →*Roman* vor.

Volksdichtung. Der Begriff knüpft sich an die vor allem von den Romantikern gehegte Vorstellung, daß in früheren Zeiten Dichtungen anonym und spontan aus dem Volksgeist heraus entstanden seien, ohne daß ein einzelner als Dichter festgestellt werden könnte. Die Forschung hat inzwischen für viele → *Volkslieder* den Nachweis erbracht, daß ihnen vom Volk aufgegriffene Kunstlieder zugrunde liegen, die von Mund zu Mund weitergegeben und dabei durch fremde oder neuerfundene → *Strophen* nach dem Sinn des Sängers erweitert, ergänzt, an schwerverständlichen Stellen abgewandelt, um überflüssig erscheinende Strophen gekürzt usw., kurz »zersungen« wurden. Am Anfang steht also immer ein individueller Dichter, doch geht in das → *Volkslied* (und ähnlich auch in → *Ballade,* → *Märchen,* → *Volksbücher*) die ganze Geschichte seiner Benutzung ein. Für das Märchen wird heute sogar die Auffassung vertreten, daß es erst durch das wiederholte und dabei weitergestaltende Erzählen seine symboltiefe, gültige Form erhalten habe.

Volkslied, jedes Lied, das in schlichter Symbolik (goldener Ring, zerbrochenes Mühlrad; → *Symbol*), einfacher Naturempfindung (Frühlingssehnsucht, blühender Mai, Leid des Winters) elementares menschliches Fühlen ausdrückt: Lust und Leid, Schmerz der Trennung, Abschied und Wiederkehr, Untreue und Tod. All dies wird in innerer Beteiligung nachgesungen und zum Eigentum von vielen, so daß der Dichter bald vergessen wird. Die meist vierzeilige V.-strophe besteht entweder nur aus 4- oder 3-Taktern mit abwechselnd männlichem und weiblichem → *Reim* oder wechselnd aus 3- und 4-Taktern. Seine Kennzeichen sind Reim und einfacher → *Rhythmus,* freiere Versfüllung, Sprunghaftigkeit in der thematischen Entwicklung, Verwendung von direkter Rede, formelhafte Wendungen, bildstarke Symbole.

Im 14., 15., 16. Jh. hat es seine Blüte, manche V. werden heute noch mit Anklängen an das Frühnhd. gesungen, häufig sind sie an einen Dialekt gebunden. Geistig entdeckt wird es von Herder, der es nicht nach der Herkunft aus dem Volksmund bestimmt, sondern als entscheidend den unmittelbaren »wahren Ausdruck der Empfindung und der ganzen Seele« bezeichnet, so daß er auch viele Kunstlieder, u. a. Goethes »Heidenröslein« und »Fischer«, in seine Sammlung »Stimmen der Völker in Liedern« aufnimmt.

Aus innerer Verwandtschaft fühlen sich die Romantiker zum V. hingezogen. Sie glauben, darin unmittelbar den »Volksgeist« sich aussprechen zu sehen, und betrachten das Volk selbst als seinen Dichter. Brentano und Arnim tragen aus schriftlicher und mündlicher Überlieferung in »Des Knaben Wunderhorn« viele V. zusammen, wobei sie manches nachbilden und umdichten und auch eigene Dichtungen hinzufügen. Echte V. entstehen auch bei Eichendorff (»In einem kühlen Grunde«).

Die wissenschaftliche Pflege des V. aus der ganzen Welt geschieht heute im V.archiv in Freiburg/Breisgau, wo auch die Weisen ausgewertet werden. Aus musikalischen Antrieben und folkloristischem Interesse heraus hat Belà Bartok die V., vor allem des Balkans, gesammelt. Eine neue Blüte erlebte das dt. V. in der Wandervogelbewegung der zwanziger Jahre. – Vgl. → *Volksdichtung.*

Volksstück, Sonderform des → *Dramas,* volkstümliches Theaterstück für ein städtisches Publikum. V. zeigen eine einfache Handlung, spielen im familiär-privaten Bereich, und die oft klischeehaft dargestellten Konflikte lösen sich auf einfache Weise. Die Sprache des V. ist schlicht, oft dialektartig. Im Wiener Volkstheater wurde das V. ganz besonders gepflegt und hatte in Raimund (z. B. »Der Bauer als Millionär«) und Nestroy (z. B. »Einen Jux will er sich machen«) seine herausragenden Vertreter. – Soziale V. schrieben Anzengruber (z. B. »Der Meineidbauer«), Zuckmayer (z. B. »Der fröhliche Weinberg«) und vor allem Horváth (z. B. »Geschichten aus dem Wiener Wald«).

Auf Horváth beruft sich das sog. neue V., das eindeutig sozialkritische Akzente setzt und in Sperr (z. B. »Jagdszenen aus Niederbayern«), Kroetz (z. B. »Stallerhof«) und Fassbinder (z. B. »Katzelmacher«) seine maßgeblichen Autoren gefunden hat. Als gemeinsame Kriterien für das neue V. können u. a. gelten: Verwendung von Dialekt oder Dialektanklängen; Denk- und Sprechweise niederer sozialer Schichten; der Versuch, an Einzelschicksalen negative politische und gesellschaftliche Zustände bzw. Vorurteile gegenüber Außenseitern der Gesellschaft zu entlarven; sehr direkte, oft kraß naturalistische Darstellungsweise.

Wendepunkt → *Peripetie, Seite 101*

Wiener Volkstheater → *Volksstück, Seite 151;* → *Dialektdichtung, Seite 32*

Xenien (griech. xenion = Gastgeschenk) → *Epigramm, Seite 41*

Zäsur (lat. caesura = Schnitt, Einschnitt), Begriff der → *Metrik,* Sinngrenze innerhalb eines Verses, die den mechanischen Takt des → *Metrums* zerschneidet bzw. den → *Vers* in zwei oder drei Sinnabschnitte gliedert. Dabei kann die Z. unter Umständen mitten in einen → *Versfuß* fallen. Metrum und Sinnaussage eines Verses stehen also in einem dynamischen Gegensatz.

Zauberspruch, eine lit. Form, die aus der Religionsübung oder aus dem Aberglauben entsprungen ist. Sie ist auf allen früheren Stufen vorhanden, in ironischer Abwandlung auch noch in späteren Zeiten (etwa in den Epoden des Horaz oder auch in Goethes »Faust«: Hexenküche). Meist wird ein Vorbildfall erwähnt, bei dem durch die Anwendung der Formel eine Heilung eingetreten ist. Die frühe dt. Lit. kennt die beiden berühmten Merseburger Z. in germ. → *Langzeile* (»Eiris sazun idisi« und »Phol ende Wuodan vuorun zi holza«), die noch heidnisch sind, dann einige Phallus-Segenssprüche, auch aus der altnordischen Lit. Ins Christliche leiten Z. über, die eindeutig heidnischen Ursprungs sind, in denen aber für den germ. Gott Christus eingesetzt ist. Bald gibt es jedoch auch ganz christliche Z. oder besser Segenssprüche: »Wiener Hundesegen«, »Lorscher Bienensegen«, »Pro Nessia« (ein Wurmsegen), ebenso »Contra vermes«, »Straßburger Blutsegen«, »Gegen Fallsucht« usw.

Zeilensprung → *Enjambement, Seite 40*

Zeugma (griech. = Zusammengefügtes, Fessel, Joch), stilistische Satzfigur, bei der ein Verbum sich auf mehrere gleichgeordnete, aber nicht gleichartige Objekte bezieht. Das Z. dient besonders in satirischer oder komischer Dichtung dazu, überraschende und effektvolle Wirkungen zu erzielen. (Beisp.: Er hatte Mut und ein Schwert bei sich.)

Zieldrama, im Gegensatz zum → *analytischen Drama* ein → *Drama,* in dem alle diejenigen Ereignisse auf der Bühne voll zur Darstellung gelangen, die zum »Ziel« des dramatischen → *Konflikts,* d. h. der Lösung bzw. Katastrophe am Ende des Stückes hinführen.

Zyklus (griech. kyklos = Kreis), die Verbindung einer Reihe von formal und inhaltlich zusammengehörigen Werken zu einem Kranz. Der Wert und die Geschlossenheit eines Z. hängen davon ab, daß die einzelnen Teile um eine gemeinsame Mitte kreisen, deren Sinn erst durch das Zusammenwirken aller Teile vollständig erfaßt wird (Novalis »Hymnen an die Nacht«, Rilke »Duineser Elegien«). Gedicht-Z. sind in der → *Romantik* beliebt, erscheinen jedoch auch bei Heine, Hebbel (»Mutter und

Kind«), Dehmel und vielen anderen. Auch in der Musikgeschichte ist die Bezeichnung Z. üblich: »Die schöne Müllerin« von W. Müller-Schubert, »Frauenliebe und -leben« von Chamisso-Schumann. Man spricht auch von Roman- und Dramen-Z., die meist als → *Trilogie* oder → *Tetralogie* angelegt sind.

Weiterführende Literatur

1. Lexika

Brackert, Helmut / Lämmert, Eberhard (Hrsg.): Funk-Kolleg Literatur, 2 Bde. Frankfurt/M., Fischer 1977/78 (= Fischer TB 6326/6327)

Friedrich, Wolf-Hartmut / Killy, Walther (Hrsg.): Das Fischer Lexikon Literatur, 3 Bde. Frankfurt/M., Fischer 1964/65 (= Fischer Lexikon 34/35, 1/35, 2)

Krywalski, Diether (Hrsg.): Handlexikon der Literaturwissenschaft, 2 Bde. Reinbek b. Hamburg, Rowohlt 1978 (= Rowohlt TB 6221/6222)

Schüler-Duden: Literatur. Ein Sachlexikon für die Schule. Mannheim / Wien / Zürich, Bibliographisches Institut 1980

Wilpert, Gero von: Sachwörterbuch der Literatur. Stuttgart, Kröner 1979 (= Kröner TA 231)

2. Literaturgeschichte

Frenzel, Herbert A. und Elisabeth: Daten deutscher Dichtung. Chronologischer Abriß der deutschen Literaturgeschichte, 2 Bde. München, dtv 1978 (= dtv TB 3001/3002)

Fricke, Gerhard / Schreiber, Mathias: Geschichte der deutschen Literatur. Paderborn, Schöningh 1974

Glaser, Hermann / Lehmann, Jakob / Lubos, Arno: Wege der deutschen Literatur, eine geschichtliche Darstellung. Frankfurt/M./Berlin/Wien, Ullstein 1979 (= Ullstein TB 323)

Hoffmann, Friedrich G. / Rösch, Herbert: Grundlagen, Stile, Gestalten der deutschen Literatur, eine geschichtliche Darstellung. Frankfurt/M., Hirschgraben 1970

Kindlers Literatur Lexikon im dtv., 25 Bde. München, dtv 1974 (= dtv TB 3141–3164)

Kluge, Manfred / Radler, Rudolf: Hauptwerke der deutschen Literatur. Einzeldarstellungen und Interpretationen. München, Kindler 1974

Krell, Leo / Fiedler, Leonhard: Deutsche Literaturgeschichte. Bamberg, Buchner 1976

Martini, Fritz: Deutsche Literaturgeschichte von den Anfängen bis zur Gegenwart. Stuttgart, Kröner 1978 (= Kröner TA 196)

Ried, Georg: Wesen und Werden deutscher Dichtung von den Anfängen bis zur Gegenwart. München, Lurz 1972

Villiger, Hermann: Deutsche Literatur von den Anfängen bis zur Gegenwart. Frauenfeld / Stuttgart, Huber 1978

Weber, Albrecht: Deutsche Literatur in ihrer Zeit. Literaturgeschichte im Überblick, 2 Bde. Freiburg/Br., Herder 1978/79 (= Herder TB 9314/9315)

3. Drama

Braak, Ivo: Gattungsgeschichte deutschsprachiger Dichtung in Stichworten. Dramatik, 2 Bde. Kiel, Hirt 1975

Dietrich, Margret: Das moderne Drama. Strömungen, Gestalten, Motive. Stuttgart, Kröner 1974 (= Kröner TA 220)

Dietrich, Margret / Stefanek, Paul: Deutsche Dramaturgie von Gryphius bis Brecht. München, List 1965 (= List TB 20287)

Emmel, Felix: rororo Schauspielführer. Reinbek b. Hamburg, Rowohlt 1970 (= Rowohlt TB 6039)

Hensel, Georg: Spielplan. Schauspielführer von der Antike bis zur Gegenwart, 3 Bde. Berlin, Ullstein 1981 (= Ullstein TB 34061–34063)

Mann, Otto: Geschichte des deutschen Dramas. Stuttgart, Kröner 1969 (= Kröner TA 296)

Schillemeit, Jost (Hrsg.): Deutsche Dramen von Gryphius bis Brecht, Interpretationen, Bd. 2. Frankfurt/M., Fischer 1976 (= Fischer TB 6021)

Wiese, Benno von (Hrsg.): Das deutsche Drama vom Barock bis zur Gegenwart, 2 Bde. Düsseldorf, Bagel 1968

Zur Medden, Otto C. A. / Ruppel, Karl (Hrsg.): Reclams Schauspielführer. Stuttgart, Reclam 1970

4. Epik

Durzak, Manfred: Die deutsche Kurzgeschichte der Gegenwart. Autorenporträts, Werkstattgespräche, Interpretationen. Stuttgart, Reclam 1980

Lämmert, Eberhard: Bauformen des Erzählens. Stuttgart, Metzler 1975

Lehmann, Jakob (Hrsg.): Deutsche Novellen von Goethe bis Kafka. Interpretationen für den Literaturunterricht, 2 Bde. Königstein/Ts., Scriptor 1980

Lehmann, Jakob Hrsg.): Deutsche Romane von Grimmelshausen bis Walser. Interpretationen für den Literaturunterricht, 2 Bde. Königstein/Ts., Scriptor 1982

Schillemeit, Jost (Hrsg.): Deutsche Erzählungen von Wieland bis Kafka. Interpretationen Bd. 4. Frankfurt/M., Fischer 1966 (= Fischer TB 721)

Schillemeit, Jost (Hrsg.): Deutsche Romane von Grimmelshausen bis Musil. Interpretationen Bd. 3. Frankfurt/M., Fischer 1966 (= Fischer TB 716)

Stanzel, Franz K.: Typische Formen des Romans. Göttingen, Vandenhoeck u. Ruprecht 1979 (= Kleine Vandenhoeck-Reihe 1187)

Vogt, Jochen: Aspekte erzählender Prosa. Opladen, Westdeutscher Verlag 1979

Wiese, Benno von (Hrsg.): Die deutsche Novelle von Goethe bis Kafka, 2 Bde. Düsseldorf, Bagel 1971

Wiese, Benno von (Hrsg.): Der deutsche Roman vom Barock bis zur Gegenwart, 2 Bde. Düsseldorf, Bagel 1973

5. Lyrik

Asmuth, Bernhard: Aspekte der Lyrik. Opladen, Westdeutscher Verlag 1979

Braak, Ivo: Gattungsgeschichte deutschsprachiger Dichtung in Stichworten. Lyrik, 2 Bde. Kiel, Hirt 1978/79

Breidenbach, Heribert: Leben mit Gedichten. Epochen deutscher Lyrik vom Barock bis zum Expressionismus, Beispiele und Interpretationen. Frankfurt/M., Fischer 1982 (= Fischer TB 2194)

Domin, Hilde (Hrsg.): Doppelinterpretationen. Das zeitgenössische Gedicht zwischen Autor und Leser. Frankfurt/M., Fischer 1979 (= Fischer TB 1060)

Kayser, Wolfgang: Kleine deutsche Versschule. München, Dalp 1977 (= Dalp TB 306)

Knörrich, Otto: Die deutsche Lyrik seit 1945. Stuttgart, Kröner 1978 (= Kröner TA 401)

Urbanek, Walter: Begegnung mit Gedichten. Bamberg, Buchner 1977

Wiese, Benno von (Hrsg.): Die deutsche Lyrik, Form und Geschichte. Interpretationen vom Mittelalter bis zur Gegenwart, 2 Bde. Düsseldorf, Bagel 1964